中国殷代の青銅器と酒

内田純子

ブックレット《アジアを学ぼう》60

風響社

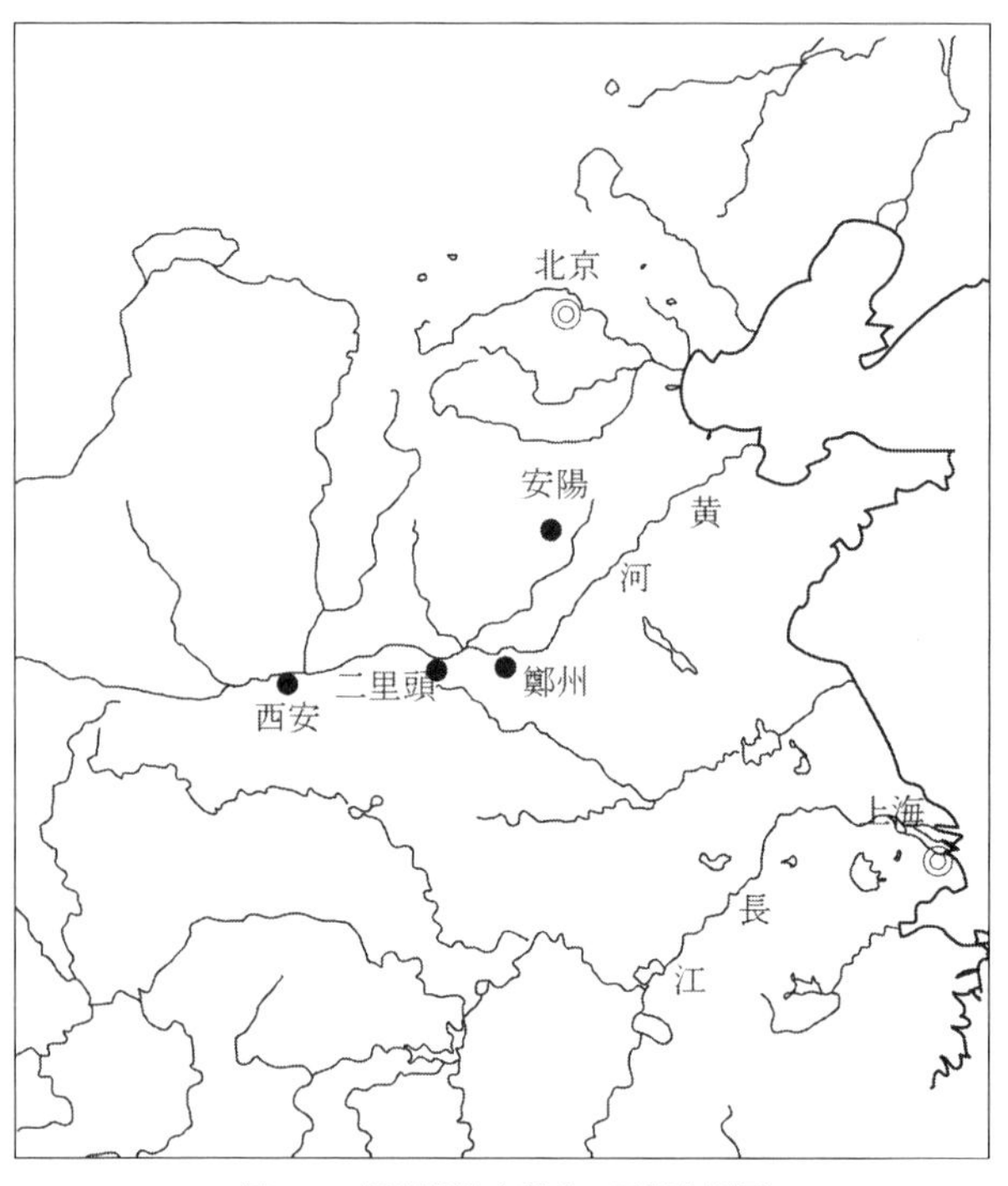

図１　二里頭遺跡と殷代の王都位置図

中国殷代の青銅器と酒

内田純子

はじめに

1　殷代とは

夏王朝、殷王朝という中国古代の初期王朝を知っているだろうか。黄河の下流域にあたる中原地区に栄えた古代王朝で、前者がおおむね紀元前二〇〇〇年から紀元前一五〇〇年、後者が紀元前一五〇〇年から一〇四五年ごろまで栄えたとされている。

殷王朝は、私たちの使う漢字の起源となった象形文字が成立した時代である。その原始的な記号のような文字は、占卜に使用した甲骨の上に彫り込まれたので、甲骨文字と呼ばれている。甲骨文字は、この時代の考え方や社会情況を研究する上での、重要な文字資料となっている。

さらに殷王朝は、青銅器が盛んに作られたことでも有名である。青銅器とは銅と錫の合金「青銅」を使って作られた器物のことで、殷代の青銅器は、鋳型をたくさん組み合わせて、複雑な形状の様々な青銅容器を鋳造していた。その装飾性の高さ、形状の複雑さは、世界中、古今東西で製作された青銅器の中でも群を抜いており、芸術品としての評価も高く、人々を魅了する。その上に施される紋様もまた、実にさまざまな種類がある。

さて、筆者は、殷周時代の青銅器の研究を三〇年以上続けてきた。青銅器が世界に類を見ないほど発達した背景には、殷代の酒や儀礼とそれをめぐる社会の変化が大きく横たわっていると考えている。殷王朝の時代には「酒池肉林」という有名な故事がある。殷王朝の最後の王「紂王」が、贅沢をこらして男女を集め、酒を満たした池と、肉を掛けた木々の間で遊ばせ、淫らな酒宴をおこなったという故事で、「こんな自堕落なことをしていたから、殷王朝は滅びたのだ」という文脈で『史記』殷本紀には書かれている。一つの国が滅びてしまうほど、殷の人たちはお酒が好きだったのだろうか。同様に、『尚書』（書経）酒誥にも、「庶群自酒、腥聞在上。故天降喪于殷」（紂王の周囲には人々が群がり集まり飲酒に耽り、その生臭い汚れた悪臭が天上に達するに至った。そこで上天は遂に滅びるべき運命を殷の国に降したのである）などなど、散々に書かれている。「殷王朝はお酒で滅んだ」という考え方は、その後の時代の西周時代に、政権交代の正当性を訴えるために作った作り話ではないのだろうか。

本書では、殷時代の酒と、驚くほど発達を遂げた青銅器のうち、酒器について論じたいと思う。実は、殷の人たちが祭祀の折に飲んだ酒は、もともとアルコール度の低い甘酒だった。そこへアルコール度の高い酒が加わった結果、青銅器の種類も増えていったということを述べていきたいと思っている。

まだ文字による完全な記録の残っていない殷の時代であるから、青銅器や土器などの考古学資料と甲骨文字、後世に書かれた文献など、断片的な資料をつなぎ合わせて考察していきたい。

2　殷代という時代

殷王朝時代後期の都「殷墟（いんきょ）」に住んでいた人々は、自分達の住んでいる街を「大邑商（だいゆうしょう）」「天邑商」と呼んでいた記録が、当時の甲骨文字に残っている。したがって、少なくとも殷時代後期には、自称「商」だったということが判明し、最近はその時期を「商代」、王朝名を「商王朝」と称することが多い。「殷」という国名は、西周時代以降につけられた国名であるとされ、中国の歴史書、例えば司馬遷の『史記』では、中国の最古の王朝は「夏王朝」で、次が「殷王朝」、その次が「周王朝」と記されている。本書でも、「夏王朝」「殷王朝」「周王朝」と称することにする。

考古学では、それら諸王朝の都だったと考えられる大きな集落や都市の跡が発見され研究の対象となっており、河南省鄭州市で発見された城壁都市の跡が殷王朝の前期、河南省安陽市郊外の通称「殷墟」遺跡が殷王朝の後期の都の跡であると言われている（図1）。また、安陽市の北東部で発見された洹北商城遺跡がその中間の時期の都の跡であるとされる。そして、河南省偃師市二里頭遺跡が「夏王朝」の都の跡と言われることが多い。考古学上では、歴史上の王朝の時期をもとにした呼称を使わずに、代表的な遺跡の名前をとって時期名を表すことが多く、またこの時期の歴史と遺跡の比定にも異説が存在するので、誤解のないように、本書においても、遺跡名を冠した時期名を使用することとする。すなわち、偃師二里頭遺跡を代表とする時代の文化を「二里頭期」、鄭州商城遺跡を代表とする時代を最初に発見された地点の名をとって「二里岡期」、そのあとをそれぞれ「洹北商城期」、「殷墟期」と称している。殷墟で栄えていた殷王朝は、黄河の上流にあたる陝西省に出自を持つ周族に滅ぼされる。そして周王朝が始まるのであるが、その時代を「西周期」と称する。

本書では、紙幅も限られていて、それぞれの時期の細分については詳しく述べないが、二里頭期は一期から四期まで、二里岡期は一般に前期（下層期）と後期（上層期）に、洹北商城期は一期と二期に、殷墟期は一期から四期までに細分されている。西周期は前期、中期、後期の三つの時期に区分されることが一般的であるので、そのまま使用する。そして、青銅酒器が登場するのは、二里頭二期からである。

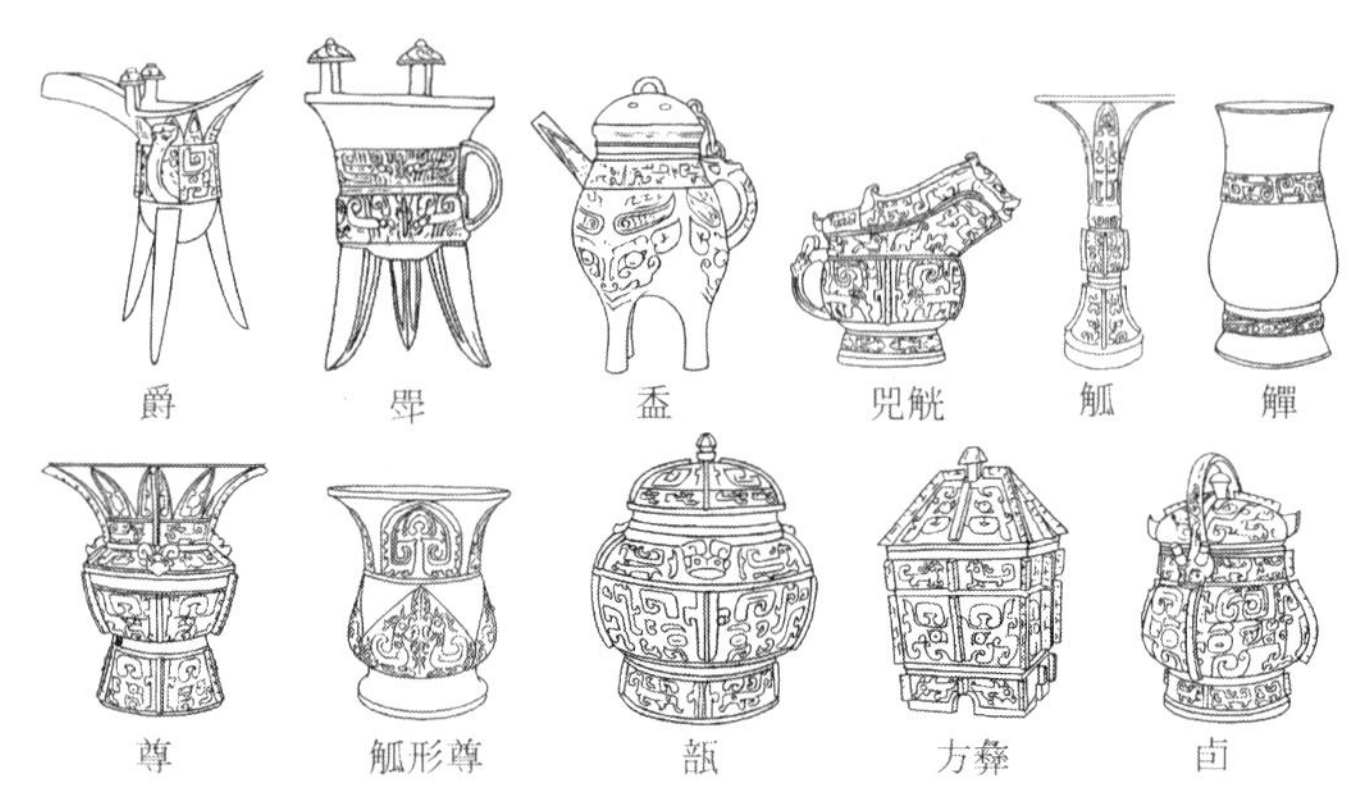

図２　殷代の主要な青銅酒器（『中国の美術⑤銅器』204 頁より）

３　青銅酒器の種類の増加や盛衰の謎

青銅器は武器や楽器が最初に登場したが、青銅容器は二里頭期に出現し、殷代に発達した。さまざまな種類の酒器が含まれていることが特徴的である。図２には、主な青銅酒器を図示した。また、図３には、酒器以外の器として重要な鼎（てい）と簋（き）を図示した。馴染みのない名前が並んでいるが、本書ではその中のいくつかが頻繁に出てくるので、この図を参照してほしい。酒を入れる容器（盛酒器）、飲むための容器（飲酒器）、温めるための容器（温酒器）……。それぞれ一種類や二種類ではない。しかし、なぜこのようにさまざまな種類の酒器があるのか、あまり追求されたことはなかった。これまでは、「酒で滅んだ殷王朝のことだから、お酒の飲み方も様々で、酒器もいろいろ作ったのだろう」程度の理解だったかもしれない。しかし、それぞれ異なる形を作ったことには、なんらかの理由があるはずである。

さらに、特に、爵という器種の始まりと終わりには、多くの謎がある。始まりの謎とは、すなわち、数多くの酒器の中で、この最も複雑な形状の器が、最初に製作されたのは、なぜだろうかということ。そして、終わりの謎とは、殷王朝の後に来る西周時代になると、その爵が突如として使用されなくなり、消えてしまうこと。温酒器の爵が最初に作られ、西周期には消えてしまうのならば、（夏）殷時代の人々だけが「熱燗の酒」を好んで愛飲していたということなのか？
筆者は次のように考えている。そもそも酒を飲む儀礼のために作られた青銅器は当初ごく少数で、さらに元は土器や木器で作られていた器種も、セットで使うために青銅器で製作するようになった結果、青銅酒器の種類が増えた。さらに、主要なお酒の種類が殷墟期の途中から代わったために、使途の異なる種類の酒器が途中から加わった結果、酒器の種類が膨大になっていった。そして、主要な青銅酒器の組み合わせも、時代を経て少しずつ変化していったのではないかと。

ところで、読者の中で、お酒を嗜まれる方は、お店に行ってお酒を買うとき、どんなことを重視してお酒を選ぶだろうか。買い物に行ったつもりで、想像してみよう。まず、お酒の種類はどれを選ぶ？ ワイン、ビール、日本酒、焼酎？ それらの種類の違いは、原材料の違いでもあり、製造方法の違いでもある。しかし、実際には、それぞれの酒は、種類によって概ね統一された形・大きさの異なる容器に入っているので、まず容器に着目して酒の種類を選ぶことになる。さらに、飲酒の場によって、容器を選ぶこともある。例えばビールを選んだとすると、瓶入りか缶入りか選択肢があるが、家ではゴミの処理がしやすい缶入りを選ぶのではないだろうか。日本酒の家飲みなら、紙パックかカップ酒か、一升瓶か、という選択肢があるだろう。さらにメーカーはどこにするかも重要な要素で、製造元のメーカーのロゴや製品名が記されているラベルにも目がいくことであろう。酒を選んでいるつもりでも、実は容器やラベルがその差異を提示しているので、実際は、容器が選択の上で重要な注目点となる。考古学では、有機質の中身はほとんど残ることはなく、

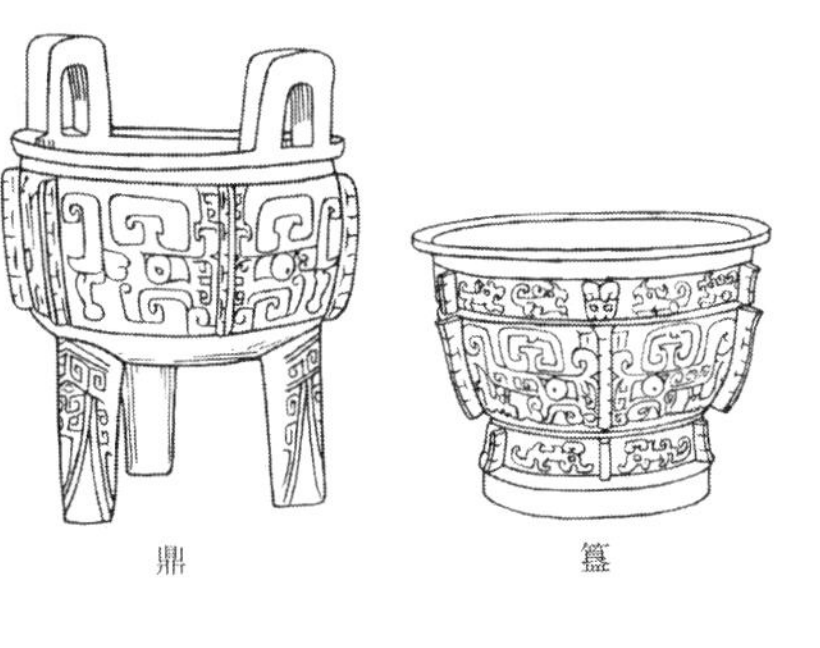

図３　殷代の鼎と簋（『中国の美術⑤銅器』205 頁より）

容器、またはその破片のみが長い年月を経て残り、多くが土に埋まっている。現代の酒になぞらえれば、飲酒や製造、貯蔵に使用した容器の形や材質、ラベルに相当する紋様が中身を知る重要な手がかりとなるということである。

そして、容器や炊器として使われていた土器や青銅器などが発掘されると、研究の重要な材料となる形状や紋様を分類して、その変化を考察するのが、考古学の常套手段である。本書では、さらに一歩深めて、殷代の酒を考察してみようと思う。酒に関する土器・青銅器の形状や紋様はもちろんのこと、使用痕についての観察を加えながら使用方法を考察し、古典文献、成分の科学分析、酒の醸造方法についての知識も加えて、多くの視点から殷王朝の酒について知見を深めてみたいと思う。そして、酒の儀礼がどこから来たのか、その後、どう変わっていったのかについても、考察してみたい。

一　中国初期王朝期の青銅器の展開

1　最初の青銅容器とその用途、温酒の謎

(1) 青銅器の用途

人類史上、新石器時代の次に、銅と錫の合金で製作された青銅器を主たる利器として使用した青銅器時代が到来した。金属には、いくつかの性質が認められる。青銅器は、次の五つの特質が重視され、利用されて発達したということができよう。

①高温で溶解して、型に流しこめば、型と同じ複雑な形状の器物を作る（鋳造する）ことができる

②硬さと強靭度（ねばり強さ）がある
③熱伝導率が良い
④光沢があり、磨くと特に美しく光る
⑤高くきれいな音が出る

青銅器はこれらの特質を生かして、それまでになかった新しい時代を人類にもたらした。中国では、紀元前二千五百年ごろと推定される二里頭文化期に、青銅器は大きく発達したといわれている。一九五九年に発見された河南省偃師市の二里頭遺跡は、現在までに宮殿跡と推定されている大型建築基壇趾が六基発掘されている。そのため、直前の時代の新石器時代の社会から一段発展し、権力と富が首長に集中した「初期王朝」の条件を満たす社会構造を持っていたと考えられている。この遺跡内で発見された墓からは、青銅器が発見されている。したがって、このような材料を集めたり、技術者を導入したりすることができるような集中した権力構造が必要となる。当初は、最も単純な平たい武器や工具を製作することから始まる。中国では、新石器時代の後半期に相当する斉家文化期、陶寺文化期にすでに工具や武器、単純な鈴が製作されていたことがわかっている。その後、各性質を存分に生かした多種類にわたる器物が生み出された。二里頭遺跡では、青銅容器が存在した。青銅容器は、祖先の廟に供物を献納するための祭器とされており、「彝器（いき）」と総称されることもある。

（2）青銅器の発達

ここで、殷代の青銅容器の発達過程について大まかに説明しておきたい。

まず、中国の青銅容器の形状は、主に二種類に分けられる。すなわち、器の下部に三本または四本の足がつく三

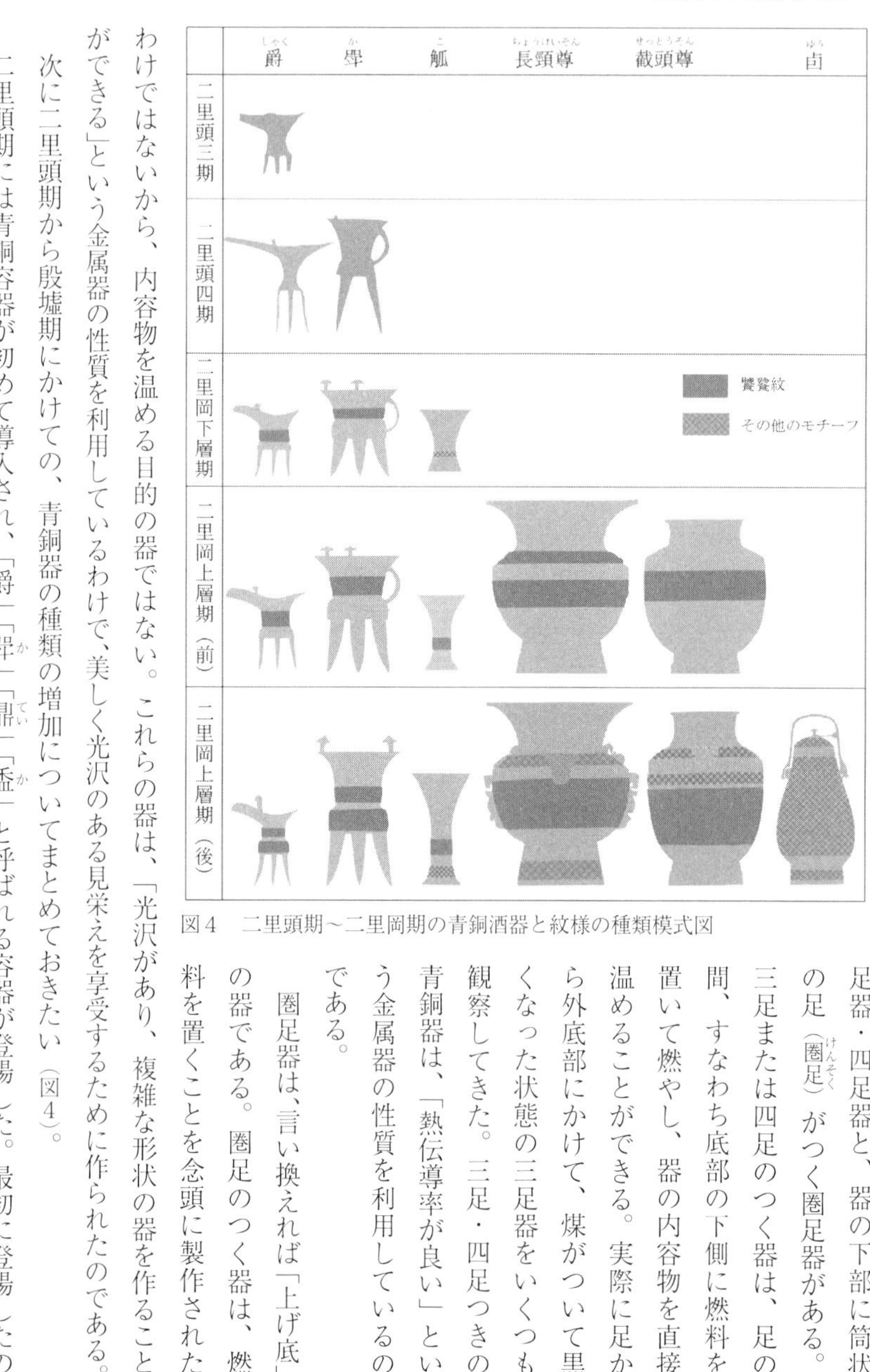

図4　二里頭期～二里岡期の青銅酒器と紋様の種類模式図

足器・四足器と、器の下部に筒状の足（圏足）がつく圏足器がある。三足または四足のつく器は、足の間、すなわち底部の下側に燃料を置いて燃やし、器の内容物を直接温めることができる。実際に足から外底部にかけて、煤がついて黒くなった状態の三足器をいくつも観察してきた。三足・四足つきの青銅器は、「熱伝導率が良い」という金属器の性質を利用しているのである。

　圏足器は、言い換えれば「上げ底」の器である。圏足のつく器は、燃料を置くことを念頭に製作されたわけではないから、内容物を温める目的の器ではない。これらの器は、「光沢があり、複雑な形状の器を作ることができる」という金属器の性質を利用しているわけで、美しく光沢のある見栄えを享受するために作られたのである。

　次に二里頭期から殷墟期にかけての、青銅器の種類の増加についてまとめておきたい（図4）。

　二里頭期には青銅容器が初めて導入され、「爵」「斝」「鼎」「盉」と呼ばれる容器が登場した。最初に登場したのは爵で、三足器であるから、内容物を温める目的で製作されたことがわかる。同様に目下、二点だけ出土している斝も「酒器」とされており、三足がつく。すなわち、中に入れた「お酒」を温めるための温酒器である。同じ読み方で混同されがちだが、三足がつく「盉」は袋状の足をもち、ハート形の口と筒状の注ぎ口が上方につく特殊な温酒器である。盉については、後述する。「鼎」は日本では「かなえ」と読み、肉のスープを煮るための鍋である。いずれも三足がつくので、「熱伝導率が良い」という性質を利用して中身を加熱するために使っていたことがわかる。二里頭期の青銅容器は、まずは中身を温める目的に主眼をおいて作られ始めたことが明らかである。そして、その中の三種類が「酒器」であり、酒を温める「温酒器」だった。

鄭州に政治の中心が遷った二里岡期には、圏足器が出現する。圏足器は、筒状の足のつく器であり、加熱用ではない。先にも述べたように、光沢のある金属容器は、見た目の美しさという効果が狙いである。酒器のうち「尊(そん)」は酒を入れておく盛酒器、「觚(こ)」は酒を飲むための杯、壺と卣(ゆう)は、酒を入れて保存する盛酒器である。その他に、圏足器として、盤(ばん)（後代には水を受ける水器）や簋(き)（穀物を盛る食器）が現れる。

次に、黄河の北岸に位置する安陽に政治の中心が遷った当初の洹北商城期には、爵と觚が青銅器のセットの中で基本的な存在となり、青銅器が副葬されている墓では、必ずといっていいほどこの二種類の酒器がみられる。爵と觚のセットを基本に、階層の高い人物には、尊、斝、鼎、その他の器種が付け加えられていく。

2　青銅器の製作方法

(1)　温酒器「爵」の製作復元

爵という器は、上から見てアーモンド形の器の片側に、樋(とい)のような断面U字形の注ぎ口「流」がつく。また、半円形の把手があって、流から内容物を注ぎ出すために器を傾けるのに便利である。筆者が二里頭期の中でも最も古

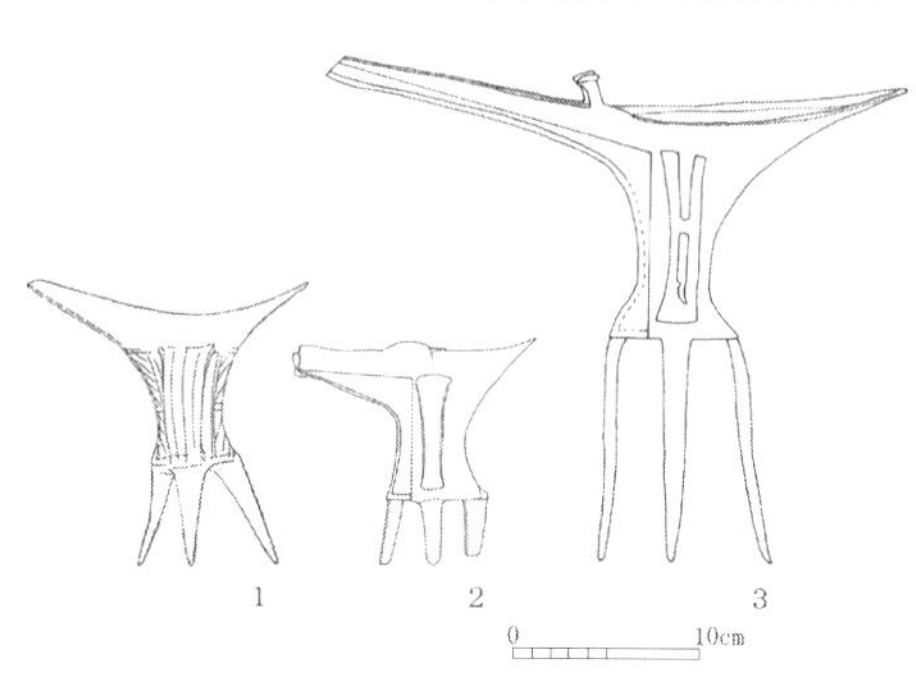

図5　二里頭遺跡出土の爵　1: 土製爵（Ⅴ区M3）（中国社科院二里頭隊1983図9より）、2: 二里頭三期の青銅爵（Ⅷ区T22③）、3: 二里頭四期の青銅爵（採集品）（以上宮本他2009図18、図19）

いと考えている青銅爵（二里頭Ⅷ区出土、図5—2）は、二里頭二期の地層から出土した。このような早期の青銅爵は、青銅器が導入される以前に存在していた土器の爵を模倣して作られたとされる。図5—1が、青銅爵のモデルとなったとされる時期の土器で、Ⅴ区M3号墓から出土した。二里頭期後半の爵（図5—3）は、採集品であるが、細長い器身、曲線的な細い三足を持つ流麗な形状で、流のつけ根にエノキダケのような「柱」が二本立っている。これに比べれば、②の二里頭Ⅷ区出土爵は、爵の中でも最もシンプルな形状をしているとはいえ、ごく初期に製作した青銅容器にしては、あまりにも複雑な形状である。そして、このような複雑な青銅器を鋳造するための鋳型もまた、相当複雑な形状・構造だったことが、復元研究によりわかってきた。

青銅器は、鋳型の中に高温で熔解した青銅を流しこむ鋳造という方法を使えば、鋳型次第で思い通りの形状の物を作ることができる。平たい単純な形状の器物を作りたいのであれば、一塊の石製・土製の鋳型の上に作りたい物の形状を彫り込めばよいが、表裏を立体的にしたい時には、二塊の鋳型を合わせる。その場合、合わせ目には、「バリ」と呼ばれる「はみ出し」ができたり、凸線が浮き上がって見えたりする。このような痕跡が、青銅器の鋳型の復元の手がかりとなる。さらに、中空の器を製作したいときは、内壁のための鋳型「中子」（内范）をはめ込んで、外型（外范）との間に隙間を保つよう工夫し、その隙間に青銅を流し込む。モデルとなる模型を使って、土を貼り付けて外型を製作する際には、モデルから乾燥した外型を破壊しないように外す必要があるほか、中子を製作する際や位置を調整する際などにも、外型を合わせたり外したりを繰り返すので、複雑な形状の青銅器を製作する場合には、上下左右に鋳型を分割して、取り外すときに鋳型が破損しないような工夫をしなければならない。中国の商周青銅器は、このような分割鋳型が発達した結果、非常に複雑な形状を作り出すことができるようになった。

さて、二里頭期の爵は、これほどまでに複雑な分割鋳型は使用していなかったようである。我々の復元方法を以下に簡単に説明しよう（図6）。ブロック状の長方体の土塊を二つ用意する。片方の表面に爵の形状を彫り込んでから、もう片方を載せて輪郭を写し取り、同様に彫り込む。三足を形作る底范（ていはん）の部分は、全体を円錐台形に彫り抜いておく。把手の部分は、把手の形に深く彫り込み、その空隙に土を詰めて小さな把手用の中子を作って取り出し、青銅器の厚み分を削りとる。二塊の鋳型を合わせてその中に底側から中程まで土を詰めてから外して、三足部分の中子（底范）を作る。次に、上からも土を詰めて器身の中子を作る。器身の中子は、取り出して青銅器の厚み分を削りとる。

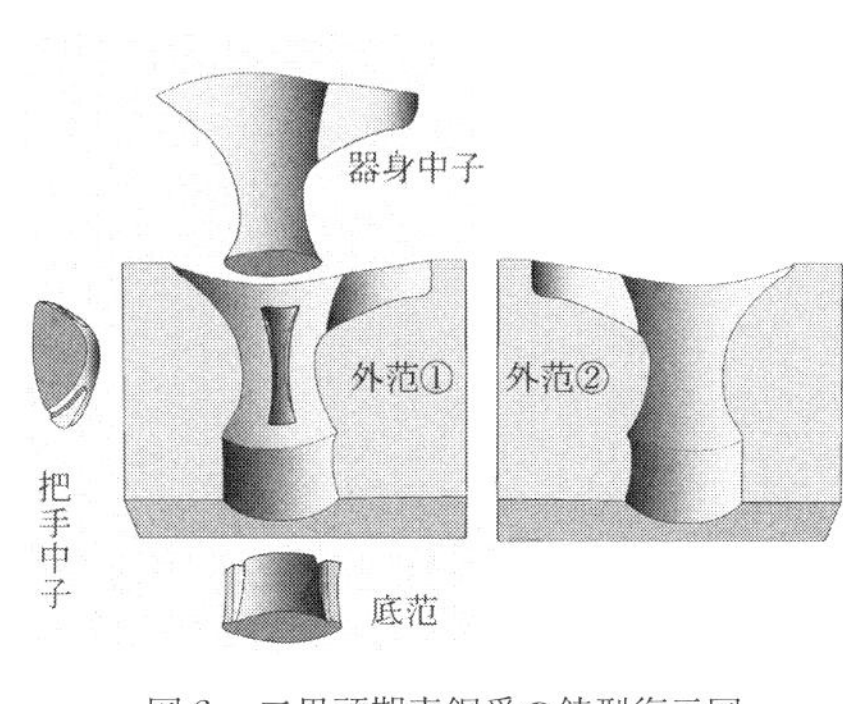

図6　二里頭期青銅爵の鋳型復元図

また、上方には削らない部分を残して、外型に接するその部分（巾木（はばき））が中子を支えるように工夫する。底范には、三本の足となるように、断面三角形の窪みを彫り込む。その位置は、把手の下に一本、反対側の二本は、アーモンド形の底の両端にそれぞれ一本である。こうして各部位の器形を彫り込んだ外型二塊と中子二塊を再度組み合わせて固定し、熔解した青銅を流し入れる注入口を鋳型の上部に作りつけて、乾燥させて焼き、鋳造をおこなうのである。エノキダケのような形の柱は、その流し口の中で固まった青銅が柱のように見えることが起源で、後に装飾として残すようになったと考えている。

（2）「必要は発明の母」

主な鋳型の数はわずか五塊で、その後の青銅器の鋳型と比較すると、非常に単純で簡単な鋳型構造であると言えるかもしれないが、この複雑な形状と、パーツの組み合わせはなかなかの工夫である。青銅器は、以前は中国で独自に発明・発達したのだと論じられたが、最近では、中国西部の青海省や陝西省北部の石峁（せきぼう）遺跡などで発見された青銅器や鋳銅遺構の存在によって、ユーラシア大陸の西部から、青銅器とその製作技術が中国へもたらされていたことが明らかになっている。中原地域では、二里頭期の前段階、新石器時代後期の山西省を中心とした陶寺文化において、すでに青銅器が製作されていたことが判明している。しかしながら、その時期には中子を用いた鋳型による青銅器は、鈴のみだった。その鋳型構造は単純で、二面鋳型の片側からシンプルな円錐形の中子を挿入するだけであったことを考えると、二里頭期の爵の鋳型構造は、技術が飛躍的に発達しているといわざるを得ない。例えれば、青銅器製作教室に入りたての初心者に、上級者向けの作品を教科書なしで作らせたような感じだったと言えばよいだろうか。想像するに、製作した工人には、何がなんでも「爵」を青銅で鋳造しなくてはいけない、という強いモチベーションがあったために、かなりの無理をして製作したと推測され、その背景には、爵を使った祭祀をおこなう必要のあった首長からの圧力がかかっていたのではないだろうか。

それでは、何故にそのような無理をして、青銅「爵」という複雑な形の器を作らなければならなかったのだろうか。それは、「爵」が当時の二里頭遺跡を中心にした人の集団にとって非常に大事な器種だったため、当時最新技術と権力のシンボルであった青銅を使って製作したかったからではないか。さらに、青銅は熱伝導率がよいため、温酒器に用いるにはうってつけだったのである。

なお、流（注ぎ口）がない平面円形の器「斝」は、安陽小屯の中小墓でセットとして出土した爵と容量を比較したところ、概ね十倍の容量があることがわかった。二里頭期に製作の始まった斝は、十人分の酒を温める器であると推定している[1]。

中に入れた酒を温める爵と斝。それを求めた背景には、いかなる酒文化があったのか、そしてそれはどのような文化体系として体現されていったのだろうか、次節からは、考古学資料や文献をもとに他角度から迫ってみたい。

二 醴（れい）の儀礼

1 文献からみた三種の酒

中国酒の歴史について、従来の研究はもっぱら文献研究によるアプローチがなされてきた。しかし、文献による記録は断片的であり、特に殷代の文字資料である甲骨文字は、判読も難しく、文脈がわからない記述も多い。また、酒の作り方、文献に記された酒の名称も、時代を経て変化することがあることから、体系的な研究は進んでいなかった。そのような中、宝酒造株式会社で酒造に関わっておられた花井四郎氏が、酒造りの知識を生かして、包括的な検討をおこなった［花井 一九八二］。そうした考察を利用しつつ、殷代から西周期以降の酒について、これまでにわかっていることをまとめてみたい。

花井氏は、殷代だけでなく、その後の中国の酒の変遷についても、文献の情報を織り込んで詳細に分析され、殷代の酒は、「醴酒」「酒」「鬱鬯（うっちょう）」の三種類があったとしている。それら三種類の正体について、まずは花井氏の論考を礎として、ひもといていこう。

（1）糵（げつ）と麹（きく）——発酵媒体の種類（図7）

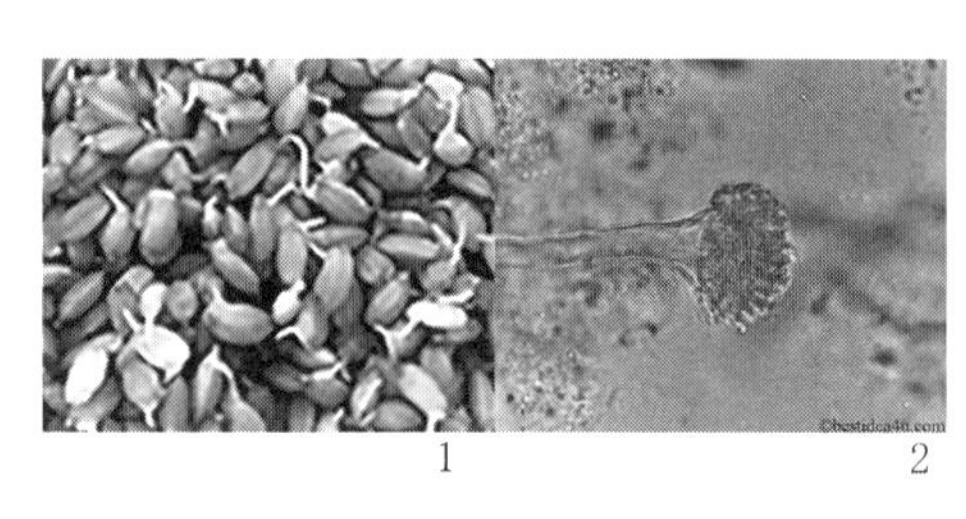

1　2　3

図7　二つの発酵媒体と醴　1: 発芽した米「蘖」、2: 黄麹カビ（写真提供：(独)製品評価技術基盤機構）、3: 筆者による自家製の甘酒

儒教の経典いわゆる四書五経の一つ、『尚書』（書経）説命（下）には、このような一節がある。

若作酒醴爾惟麹蘖　若作和羹爾惟鹽梅

（もし酒や醴を作るなら、ほかでもなく麹〈こうじ〉と蘖〈を用いる〉。もし和物やスープを作るなら、ほかでもなく塩や梅〈を用いる〉）

『尚書』は、夏殷周の時代の歴史書で、故事やその訓戒などが書かれており、西周時代に書かれた可能性がある部分もあると指摘されており、戦国時代には成立していたとされる。一方、麹と蘖とは、何だろうか。花井四郎氏は、中国古代の酒についてその発生と発達について研究し、蘖と麹のふたつの異なる発酵媒体があることを論じた。

蘖とは発芽した穀物のことであり、現代でも麦芽がビールの原料となるように、発芽した穀物が醸造に使用されている。麹（曲）は踏麹、踩麹などとも呼ばれ、吸水した穀物を踏み砕き、カビを生やしたものであり、酒を作るため現在も使われている発酵媒体である。『尚書』には、「酒」と「醴」の二つのワードが見られ、区別されていることがわかる。さらに、全く別の種類の発酵媒体である麹と蘖、それぞれを「酒」と「醴」に対応する発酵媒体として書かれている。すなわち、「酒は麹を使って作り、醴は蘖を使って作る」と読むことができる。とすれば、殷代には、発酵媒体の異なる二種類の酒があったのではないか？と考えることができる。

ところで一般的に、酒は、酵母という微生物の働きによる発酵によって、糖をアルコールと炭酸ガスに変化させることによって作られる。ブドウ酒に代表されるように、果実には果糖という糖が最初から含まれているので、そのまま発酵する。しかし、穀物は、澱粉（でんぷん）が含まれるのみで、それは糖ではない。そのため、まず澱粉を糖（グルコース）に変化させるというステップが必要である。先に挙げた『尚書』の蘗と麹はまさに、穀物中の澱粉を糖に変えるステップに必要な発酵媒体に相当すると考えられる。

（2）殷代の酒の種類

花井氏は、二種類の発酵媒体によるアルコール発酵の強さが異なる点を指摘している。

アルコール発酵とは、微生物が糖をアルコールと炭酸ガスに変える作用であるが、その際には、同じ発酵媒体の中で、乳酸発酵も同時に起こる。乳酸発酵が進みすぎると、「腐敗」という現象になってしまう。アルコール発酵の進度が乳酸発酵に勝ると、「腐敗」は起こらず、アルコール度数の強い酒となるのである。

蘗は糖化能力が弱いために、蘗を媒体としたアルコール発酵は弱い。従って、蘗を媒体として醸された酒は、時間をおくと乳酸発酵が優って、腐敗したであろう。先の『尚書』による「醴」を醸すなら「蘗」という記述にもあるとおり、蘗によって醸造されたのは「醴」であった。

「醴」を漢和辞典で調べてみると、訓読みは、「あまざけ」である。八世紀に成立した『日本書紀』にも「醴」の記述があり、一夜酒、一宿酒とも呼ばれている。すなわち、一晩きりしかもたない酒、一晩で腐ってしまう酒という別名があるのである。これは、アルコール発酵が弱いために、醴は腐敗しやすいことを誇張して、「一晩しかもたない酒」と言い換えているのであろう。

一方、麹によって発酵した酒は、アルコール濃度が高くなる。麹によって醸造された「酒」は、発酵力が強いため乳酸発酵に負けることなく、腐敗しにくいので、アルコール発酵が進んでアルコール濃度も高くなるのである。すなわち、麹によって発酵した酒は、醴とは異なる性質となっていた可能性が高い。これこそが、「醴」と対比されて『尚書』に出てくる「酒」であろう。

また、花井氏は麹のカビは冬には生えないので、蘖は冬に使用し、麹は春夏に使ったのではないかと推測した。季節性があるとは、刮目に値する指摘である。

ところで、占いの記録を彫りこんだ甲骨（亀甲や牛の肩胛骨）を、甲骨卜辞という。この時代の唯一の文字史料「甲骨卜辞」の中には、これらのキーワードがあるのだろうか。

花井氏は、甲骨卜辞の中に「蘖」を指した文字があると述べている。この文字が書かれたものが九片以上あるのに対して、麹についての卜辞が見られないことに注目し、商王が祭礼の時に使用した酒は、蘖を使って醸造したものだったのではないかと指摘している。「麹」の文字が見られないことについては、結論はまだ早いのではないかと筆者は考える。膨大な卜辞中には、まだ解読されていない文字もあり、また、解釈も定まっていない文字があるため、まだ読めない、見つかっていない＝文字がないとは言えないからである。

一方、卜辞中には、「酒」の文字が見られる。「酒」という文字は、「酒甕」の形象文字である「酉」の傍に、水を表す三本の線がついた形状である。なお、「酉」の右側に三本の線がついた形状の文字「酉彡」は、酒甕から酒を地面に注いでおこなう祭祀のことで、左側に三本線のつく「酒」とは区別されていると解釈する学者もいる(2)［松丸・高島 一九九四、四〇四―四〇五頁］。これに対して、「醴」は現代の漢字では「酉」の傍に「豊」の文字が置かれるが、甲骨文字にはその字は見られない。「豊」という字が「醴」を表すとして読みとる説があり(3)［松丸・高島 一九九四、一五一―一五二頁］、筆者もこれに賛同する。この「豊」に関する研究は今後の課題である。

2　醴の儀礼と酒

（1）日本の甘酒

二里頭期に最初に製作された青銅容器が、中身を温める機能を持つ爵であったこと、また、それは後の時代にも「酒器」として認識される器種であったことは、前節で述べた。この点と、爵を用いた酒の種類について想起されることがある。「甘酒」である。

甘酒は日本にも存在する。現在は、アルコール濃度五％以下で、口当たりが良く、白く濁った飲料が「甘酒」として広く販売されており、筆者も口にしたことがある。お酒が基本的に飲めない筆者にも、たいへん飲みやすく、美味しい飲料であった。しかし、伝統的な本物の甘酒は、かなり異なっている。筆者は、とある農村部の村祭りに際して農家で醸された、自家製の甘酒を飲んだことがある。その「伝統的な」甘酒の作り方は、米を蒸し、または煮てお粥を作り、麹を入れて一晩おく、とされている。作り方は非常に簡単で、自家製の飲料として、あまねく普及していることにも納得できる。その甘酒は、少し甘みのあるお粥のような状態だが、かなり癖のある飲料であり、筆者が飲んだ時は温めて熱々の状態で供された。アルコール濃度は五％以下であったはずだが、温めてあるせいか、若干アルコールの香りもあり、酒に弱い筆者にとっては十分アルコールとして認識できる程度であり、何より独特の強い匂いがあって、刺激が強すぎた。その農家では、村祭りだけでなく、正月や寒期などに度々醸す、故郷の味であったようである。なお、アルコール濃度が低いので、酒税法には抵触せず、製造は合法である。

江南地方にある甘酒も、同じように自家製で作られ、温めるか冷やすかして飲んでいるという。やはり癖がある飲み物なので、温度を変えて刺激を薄めなければ、飲めないのであろう。江南地方の甘酒は、妊婦や虚弱者の滋養飲料として飲まれているともいう。

この甘酒の性質と現在に至る飲み方は、まさに青銅爵の使用方法に合致する。すなわち、このお酒は温めなければ飲めないお酒だったのであり、甘酒を使う儀礼には必ず温酒器が必要だったと考えられる。青銅容器の技術が確定していない時代に、何をおいても青銅爵を苦労して作り出した、二里頭期の工人の奮闘の理由は、まさにこのためだったのである。

（2）爵と斝にみられる温酒痕跡

爵と斝が中に入れたものを実際に加熱していたことは、出土した青銅爵の外底や外壁に、煤が残っていることによって証明できる。筆者は、二里頭博物館、鄭州市博物館、河南省博物院（原河南省博物館）、中国国家博物館などを実際に訪れて、二里頭期から殷墟期にかけての爵と斝を、数多く観察して回った。以下に、その例の一部を示そう。

二里頭期の爵　　二里頭遺跡爵四点（二里頭夏都遺趾博物館蔵）、外表に煤が付着する。
二里頭期の斝　　二里頭六区九号墓斝、足から底にかけての外表には、ベッタリと煤が付着。
二里岡期の爵　　鄭州出土爵（河南省博物院蔵、豫〇〇一八）、底面に煤が付着。
二里岡期の斝　　偃師商城斝、鄭州二里岡斝（河南省博物院蔵）、鄭州市出土斝（鄭州市博物館蔵〇〇五七）、底部から足にかけて煤がつく。
洹北商城期の斝　　安陽小屯二三二号墓斝二点（中央研究院歴史語言研究所蔵）、明確に煤が付着している。
殷墟期の爵　　安陽劉家荘北地七六九号墓爵（二期）（中央研究院歴史語言研究所蔵）、煤らしき黒変あり。

発掘調査による出土遺物は、通常、出土後に土を取り除くために洗浄するので、その際に表面の煤が土と共に除去されてしまった例も多数あると思う。右に挙げた青銅器は、発掘調査で出土した遺物であるが、明確に黒い煤が付着している。その部位は、足の内側、外底を中心とした範囲であった。このことから、二里頭期から殷墟一期の三足つきの青銅酒器、「爵」と「斝」は、確実に三足の間に燃料を置いて、内容物を加熱していたと断定することができる一方で、婦好墓爵、婦好墓斝（河南省博物院蔵）（殷墟二期）、劉家荘北地一〇四六号墓爵（殷墟四期）など、殷墟二期以降の資料には、煤がついていなかった。他に温酒器とされるものでは、殷墟二期以降では、後述の盉の表面に煤が認められる例が多い。

（3）飲酒のための器

ところで、温めた醴酒を飲むための器はどんな器だったのだろう。二里岡期、殷墟期の墓では、青銅や土器製の爵と觚がセットとなって出土することが多い。觚というのは、口縁がラッパ状に開いたコップである。腹部の紋様帯の下端に相当するところに底がある上げ底になっていることが多い。これと類似する漆器の杯が、二里頭期よりも古い時代に相当する新石器時代後期の良渚文化（揚子江下流域）をはじめ、揚子江流域、黄河流域にも存在する。先述のように、二里頭期にはもっぱら三足のついた無紋、またはごく簡単な紋様を持つ加熱用の器のみが製作されていたが、次の二里岡期になると、青銅器の鋳型に紋様を彫り込むことによって、紋様入りの青銅器が鋳造されるようになった。このことは、青銅器が、外見重視になったことを示している。そして、加熱用ではない、「見かけ重視」の圏足器が製作されるようになった。

（4）爵と觚の所有者の階層

当時の最高級品であった青銅器は、所有できる階層が限られており、その所有者のステイタスを表すものだったと考えられる。そのため、青銅器を副葬する墓はごく一部に限られていた。青銅器を所有できない階層の人の墓には、土器が副葬されるもの、土器すらも副葬されないものがあり、これらも被葬者の所属する階層を表しているとみられる。二里岡期に爵と觚はセットで使用する青銅器として定着したようであり、当時の王都の所在地、鄭州では、青銅器を副葬する高階層の人の墓のほとんどには、この両者が副葬されている。三足の爵で醴を温め、觚に注いで飲む。口の開いた觚は器を傾ければ粘度の高い液体が出てきやすい。爵と觚は、醴を飲むための非常に理にかなった器のセットである。殷墟期も同様に、青銅器の副葬品には爵と觚がほとんど含まれており、青銅製の爵と觚のセットのみが墓から出土することも多いため、この両者が最低限の必須アイテムだったと推測できる。さらに土器を副葬する墓でもやはり、土器製の爵と觚を最低限の必須アイテムとして副葬している。青銅器の爵と觚にしろ、土器の爵と觚にしろ、それぞれを所有することのできる階層における最低限の必須アイテムだったということが推測できる。

（5）醸造用の酒甕「大口尊」

二里頭期に盛んに使われた土器に、「大口尊（だいこうそん）」という器がある。林巳奈夫氏は、この器こそが酒を醸造するのに用いた「酒甕」ではないかと推定した〔林　一九七九、九七―一〇五頁〕。大口尊は、二里頭期から、二里岡期、殷墟期にも連続して使用されている。いずれも口が大きく開いている。また、殷墟西北岡一〇〇一号大墓から出土した大口尊を観察したところ、内壁に布か工具で故意に表面に傷をつけている痕跡が認められた。これは、醸造に関わる微生物が土器に生息しやすくするためではないか、と推測している。鄭州の二里岡期の大口尊にも、故意に表面に凹凸をつけた同様の痕跡が見られると報告されている。

林氏は、大口尊の源流を遡って、新石器時代中期ごろに相当する大汶口文化の深鉢形土器を、酒を醸すための酒

図８　安陽小屯丙区北組墓（YM331、YM388）出土の醴の儀礼セット（1: R002027、2: R002012、3: R002043、4: R002070、5: R002066。写真提供：中央研究院歴史語言研究所）

甕と推測した。林氏によると、その側壁には、月と太陽と鳥を象った刻紋があしらわれており、それらは同時期の玉器にも共通する神聖な紋様である。まさに、天を祀るための祭宴用の醴を醸したものかもしれない。

二里岡期に現れる「青銅尊」は、肩部が張っていて屈曲し、深い胴部に圏足がつく。頸部の短い截頭尊と、頸部が長くて、口が大きくラッパ形に開く長頸尊の二種類がある。前者は、二里頭期〜二里岡期の土器の大口尊に器形が似ており、土器を模倣して製作されたと考えられている。後者は、揚子江流域の硬陶の尊に似る。よって、これもまた醴に関係する盛酒器であるとみている。

ここまで、爵と觚、爵の機能を持つ大型器の斝、そして醴を入れておくための尊、と四種類の青銅器が二里岡期にセットとなったことを述べてきた。「醴の儀礼セット」と仮に名付けておきたい。図８は、安陽市小屯の墓から出土した青銅器の「醴の儀礼セット」である。

（６）『儀礼』に記された醴の儀礼

小南一郎氏は、酒を使った儀礼についての記載をまとめ、特に西周以降の青銅器の使用状況の復元を精力的におこなった「小南二〇〇六〕。氏の論考に従って文献に記された醴の儀礼についての研究成果について簡単に紹介しよう。

前漢初期に成立したとされる。『儀礼』は高堂生が伝えた『士礼』十七篇から成り、そのうち「士冠礼」篇には、「新たに冠を着けた若者は、主賓の介添えで醴を嘗める儀式をおこなう」など、さまざまな儀礼の中に飲酒の儀節が含まれており、「中国古代において、人々が集団でおこなう儀礼には、多くの場合、それに不可欠な要素として、飲酒の行事が含まれていたと推測される」という。さらに『礼記』は、周代から漢代にかけての儒教の礼に関する記述を集めて戴聖が編纂したとされる。小南氏は『礼記』饗飲酒義篇「郷飲酒之禮。主人就先生而謀賓、介」に付けられた鄭玄の注に、

今郡國十月行此飲酒禮以黨正毎歳邦索鬼神而祭祀則以禮。
（国全体の鬼神を集めて祭祀をする際に、飲酒儀礼がおこなわれる。）

という記述があることから、飲酒儀礼は鬼神を祀ることが元来の目的だったと推測している。そして、『儀礼』の士階層の人々の飲酒儀礼の記述から、その儀礼の過程をまとめているが、鬼神の前に座した主人と客が爵と觶に酒を酌んで「献（献杯）・酢（返杯）・酬（そのお返し）」をおこないあうというものである。[4]

『礼記』は、前漢初期にまとめられた経典であり、当時はすでに青銅器の爵が使われなくなって久しかった。饗飲酒義篇の献杯と返杯が「爵」と「觶」で交互におこなわれるという記載は、この二つの器種が対であると考えられていたことを示すので興味深いが、一方が三足器で加熱のための器であることと、一方が圏足器で加熱には関係のないことから、このくだりが書かれた時には、全く理解されていなかったことがわかる。さらに爵で直接酒を飲むと誤解していたということを示している。以降、中国では爵は飲酒器であるという誤解が広まってしまったよう

である。中国の時代劇を見ると、爵の注ぎ口（流）に口をつけて、飲みにくそうに酒を飲んでいるシーンがよくあるが、そもそも熱した金属製の爵を手に持って、直に口をつけるなど、あり得ないことである。筆者は中国の時代劇の製作者が、いつか過ちに気づいてほしいと願っている。

（7）饗礼の儀式と醴

さらに、小南氏は、より高い階層の人々の間でおこなわれる、「饗礼」という飲酒儀礼について、楊寛氏の復元を参考に、まとめている。その特徴は、醴を用いておこなわれること、身分が高くなるほど、「献酢酬」（一献）の回数が多くなること、また、鬱鬯（ハーブで香りをつけた酒）を地に注ぐなどの儀式が毎回繰り返されるということである。

ここで注目されるのは、身分の高い階層の儀礼では「醴」が用いられたということである。そして、成人の際に新たに冠を着ける儀式について記した『儀礼』「士冠礼」に、「若不醴則醮用酒（もし醴を用いない場合には、酒をもちいて醮の儀礼をおこなう）」と規定されていることから、醴が酒より公式的で重要な飲み物だとされたことを指摘している。

さて、小南氏の論考には、殷代より後の時代に、鬼神を祀るために、醴を用いていたと記されていた。このことを念頭に、次節では、視点を替えて、青銅器につけられる紋様と醴の関係について考察してみよう。

3　醴の儀礼に不可欠な紋様――饕餮紋（とうてつもん）

（1）饕餮紋とは

青銅器につける紋様に焦点を絞って考えることは、例えば現代のビールに当てはめてみると、その缶や瓶のラベルのような、パッケージ装飾に焦点を絞って考えることと同じである。現代社会において、コンビニや酒屋でビールの缶を手に取るとき、私たち消費者は、中身の味や喉ごしなどに関心を持って選んでいると思う。そのパッケージ紋様やロゴにはほぼ無関心で、製造会社と銘柄を見分けるための指標でしかなく、まじまじと鑑賞することはあるまい。しかし、実際には、例えば麒麟や旭日などの紋様やロゴは、会社創立の想いや歴史などを背負った意味のあるものであり、少なくとも酒造会社の創業者にとっては、とても大事な思い入れのあるものであっただろう。一つの紋様の下に、同じ思いを持つ人々が集まる。これは、人類史上では、紋様にまつわる思想の深さに違いはあれど、度々みられる現象であり、青銅酒器の紋様についてもまた、類似した現象が見られると考える。

殷周青銅器の紋様には、ビール缶の紋様以上にさまざまな紋様が表されていて、それぞれの紋様の変遷過程や由来、表している意味、紋様のつけ方、など多彩な研究がおこなわれている。殷代の青銅器の紋様の中で特に目を引くのは、「饕餮紋」と呼ばれる奇怪な動物紋様である。

図9の1～3を見てみよう。中央の線の両側に、二つの目を見つけることができるだろうか。その直下には鼻のふくらみがあり、直上には角がつき、横方向に伸びるのは胴体である。中央付近は正面から見た顔が表されるが、胴体が左右両方へ伸びているのは、奇妙である。この紋様は、二里岡期の爵まで遡ることができる。鋳型の上に紋様を線刻すると、青銅器に凸線で紋様が表されるのであるが、二里岡期のごく初期の紋様は、この動物紋様が、非常に簡単な形状で表されている。

「饕餮」とは、『呂氏春秋』に書かれている

周鼎著饕餮、有首無身、食人未咽、害及其身、以言報更也（『呂氏春秋』巻八）

（周鼎には饕餮が著され、それは頭があるが胴体がなく、人を食らってまだ飲み込まないうちから、害がその身に及んで、とても言葉にできない恐ろしさだ）

という記述にちなんでつけられた紋様名である。古くは宋代に始まった商周青銅器の収集の際に、鼎につく奇怪な動物の顔面紋こそが古典に記されている「饕餮」の紋様であろうと推測され、現在も青銅器上の奇怪な動物紋様全般が「饕餮紋」と呼称されている。『呂氏春秋』が編纂されたのは、戦国時代末期であると言われている。その当時にはすでに饕餮紋のつけられた青銅鼎は製作されておらず骨董品となっていたはずである。だからこそ「周（の時代の）鼎には」という但し書きがある。すなわち、「饕餮紋」という名前がつけられた戦国時代には、製造当時、紋様が何という名前だったかすでにわからなくなっていたので、伝説の恐ろしい怪物「饕餮」の名をつけたのである。それどころか、そもそも、その名の怪物のような恐ろしい動物を表した紋様ではなかった可能性が高い。「饕餮紋」はどのような過程のもとに作られ、どのような意味を持つ紋様なのであろうか。それを考察するために、「饕餮紋」の歴史をひもといてみよう。

図9　殷代青銅器につけられた紋様　1:二里岡下層期の饕餮紋（裵1985図1より）、2:二里岡上層期の饕餮紋（裴1985図2より）、3:洹北商城期の饕餮紋、4:鳥紋、5:龍紋（李済1972挿図32より）

　二里頭期には、青銅爵の一部にごく簡単な列点紋がついている例があるほか、紋様のついているものは発見されておらず、他の器物においても「饕餮紋」と認定される紋様は、発見されていない。ただ二里頭期の紋様として注目を集めているのは、「銅牌」と称される軍配形の板状の飾り金具であり、青銅の本体の上に、緑松石（トルコ石）を象嵌して、龍と推定される動物の頭部を表現している。その一つは、墓の中では遺骸の上に置かれた状態で見つかったので、服装に着ける飾りという説がある。このほか、容器の鋳型とされる遺物に蛇の紋様が彫り込まれたものがあるが、どのような製品になるのか、わかっていない。

二里岡期のごく初期の青銅爵にすでに饕餮紋がつけられている（図9―1、2）。紋様デザインは非常に単純で、楕円形の眼と梯形の額飾（図9の点線で囲った部分）、鼻、T字形とC字形の角のほか、上下に分かれた胴体から成っている。凸線でそれらの輪郭が表されているので、鋳型に紋様デザインの通りに線を彫り込んだと推定される。この紋様が以降の紋様の元となったデザインである。この紋様が奇怪な感じを与える理由は三点ある。

①T字形とC字形の角がついていること。
②額の部分に台形状のモチーフがついていること。
③胴体が上下に分かれ、二本あること。

T字形とC字形の二種類の「角」があることについては、筆者は先に述べた二里頭期の銅牌の一つの紋様に起源があると推測している。T字形の角は羊の角、C字形の角は牛の角を表していると林巳奈夫氏は指摘する［林一九八六、八四―九〇頁］。二里頭遺跡の装飾銅牌には、目とT字形の角、C字形の角、そして象の鼻のような形状が表されており、羊・牛・象の三種類が合体した獣頭のようである。よって、筆者はこれを饕餮紋の起源の一つと考え、饕餮紋とは、羊・牛・象の三種類の動物が混淆した神獣がモチーフになっていると考えている［内田二〇一三b］。

二里岡期の爵の紋様はごく単純ながら、額の部分に明瞭に台形の飾りがついている（図9―1、2、3の楕円で囲った部分）。二里岡期の青銅器の饕餮紋の胴体部分は、上下に分かれて二本ついており、その形状は、fの字形に似ている。この紋様単位は、林巳奈夫氏によって神秘性を表す羽根の紋様であるとされ、「羽根紋」と名付けられている。この羽根紋が、次第に饕餮紋の角の後ろ側、胴体の内部などに並べてあしらわれ、紋様全体が複雑さを増していく。殷墟期に入って、羽根紋をより多用して複雑さを増した饕餮紋は、角が具体的な牛角、羊角、さらには角がなくて大きな耳のつくものが出現する［林　一九八六、一九、六〇―六五頁］。それらのパーツを加えることで、饕餮紋は実在の動物になぞらえて表わされるようになったようである。そのような具体的動物化した後にも、林巳奈夫氏は、主紋として用いられる獣紋の額の部分に、あいかわらず「逆梯形（台形）の箆飾りがつけられている」ことに注目し、それが二里岡期から西周時代の青銅器に飾られる胴体を省いた正面形の顔面紋様にもつけられていることを指摘した。そして、これは天帝の象徴であろうという説を唱えている。

青銅器の紋様は水平方向の帯状の画面におおむね一種類ずつ表されていることが多く、これを紋様帯と言っている。二里岡期以降、青銅器の紋様は、幅の広い主紋様帯と、幅の狭い補助紋様帯（副紋様帯）とが組み合わされていることが多い。饕餮紋は、ほとんどが主紋様帯に表されていて、紋様の中でも特に重視されていた神聖な紋様であることがわかる。

一方、饕餮紋と非常に紛らわしい紋様として、龍紋がある。殷周時代の青銅器の紋様には、さまざまな動物紋があって、実在の動物だけでなく、龍などの幻想の動物もいる。特に龍紋と鳥紋は、バリエーション豊かで、使用頻度も高く、西周時代以降にもずっと続いていく紋様モチーフであり、饕餮紋を除いた中では、格の高い、重視された紋様であった。多くの龍紋は、横から見た側面で表されるが、それらには額の飾りはつけられることはない。したがって、いわゆる饕餮紋と龍紋は、異なった紋様と考えてよい。

（2）醴の儀礼セット青銅器の紋様

ここで醴の儀礼用の青銅器セットに戻って、紋様との関係について考えてみよう。二里岡期に成立した爵・觚・

斝・尊という醴の儀礼セット青銅器のほとんどには紋様がついているが、例外的に幾何学紋や弦紋（数本の直線のみの紋様）があるほかは、主に饕餮紋があしらわれている（図4参照）。醴のための青銅酒器は、紋様を饕餮紋で揃えてあるのである。それは私たちが日常、同じ紋様のついた食器セットを揃いで集めるのと同じように、ひと揃いであることを示しているとともに、神聖な饕餮紋という紋様をつけていることは、それらが特別なセットとして意識されていたことを示している。

ここで読者は、前節で紹介した古典文献の「醴」の祭祀についての記述で、「鬼神をあつめて、その前で醴の儀礼をおこなう」、とあったのを思い出されたと思う。また、前項では、梯形の額飾りを持つ饕餮紋は、天帝を表したものであるという説があることを紹介した。饕餮紋が醴と深い関係のある大事な紋様であることは疑いない。林巳奈夫氏は、『礼記』に記された「鬼神」とは、この饕餮紋が表していた天帝のことであると主張している。そうであれば、醴の儀礼とは、天帝に対する儀礼であったということになる。

饕餮紋は、他の器種としては鼎にも用いられている。本書では取り上げていないが、鼎もまた、天帝を祀る飲食儀礼の中で用いる大事な器であったと考えられる［小南　二〇〇六］。それについては、また機会を改めて論じてみたい。

三　酒と卣の発達

1　酒（清酒）を入れる容器「卣（ゆう）」

（1）卣という新出の容器

殷代の酒器の中で、出土数が多く重要な器種として忘れてはならないのは、「卣」という器である。卣は、頸がすぼまっていて膨らみのある腹部を持ち、蓋がついていて、提げるための持ち手（提梁（ていりょう））を持つという特徴がある。

頸がすぼまり、蓋がつくという特徴は、内容物をなるべく空気に触れさせない、すなわち酸化を防ぐという効能があるはずで、その内容物を保管する為の容器であることを示している。形態には、大別すると三種類があり、平面形（水平の断面の形）が円形で特に細頸のもの（A型卣）、平面形が楕円形で全体が太いもの（B型卣）（図11参照）、二羽のフクロウが背中合わせに合体した形状のもの（鴟鴞卣）が知られている。これらのプロトタイプに当たるのは、二里岡上層期（二里岡期後期）の河南省鄭州市向陽回族食品廠の青銅器窖蔵（集積埋蔵）遺跡で発見された卣［河南省文物考古研究所　二〇〇二］や、湖北省黄陂市盤龍城李家嘴一号墓出土の卣（壺と称する学者もいる）［湖北省文物考古研究所　二〇〇一］、河南省安陽市の小屯遺跡丙区の三八八号墓で発見された青銅壺であり、これらの遠い祖先にあたるものは揚子江下流域の良渚文化や崧沢文化の土器の壺と推定される。

　これらの卣について、もう少し詳しくそれらの変化過程を見てみよう。

　盤龍城卣は、平面形が円形で、細い頸部と径の大きな腹部から成る。それぞれの器壁は垂直に近く、曲線的に連接するというより、円筒形に作ったパーツを合わせて製作したかのような形状である。肩部が明瞭に屈曲しており、尊と卣の中間的な形状を持っているので、尊の影響をうけて製作されたと推定される。一方、小屯三八八号墓出土壺は、紋様が鋳出されておらず、高さ一六・六センチメートル、最大径一〇・五センチメートルと、非常に小さな青銅器である。この青銅器には卣という器種の重要な要素である提梁がついていないので、「卣」とは呼ばれずに「壺」という名称で呼ばれている。殷墟初期の小屯三三一号墓には、腹部の平面形が方形で、頸部以上の平面形が円形という複雑な卣が副葬されていて、この細頸卣は頸部の太さと腹部の径の比率が「壺」に近く、壺が直接的なプロトタイプであると考えられる［石璋如ほか　一九八〇］。以降、殷墟二期までに多数の細頸の卣が製作された。

　向陽回族食品廠卣はB型卣に属する。この腹部下方が膨らんだB型卣の形状は、殷墟三期から数量が増大して、卣の最もポピュラーな種類となる。殷墟三期のB型卣は、器身の上部に受け口があって、それに深めの蓋をきっちりとかしめて固定する形状になっており、中身をしっかり保管しようという意思がありありとわかる。卣が内容物を保管する目的の容器であることは、短期間で腐敗してしまうという性質の醴には不向きであることを示している。とすると、卣の内容物は醴ではないと推測しても間違いないだろう。それでは、卣の中身は何だったのだろうか。

ここで思い起こされるのは、「蘖と曲」という二種類の発酵媒体によって作られた二種類の酒「醴と酒」である。

（2）殷代の「酒」

以下、花井氏の論考に従って、殷代以降の酒についての概略を記す。甲骨卜辞には、例えば、

辛巳卜、㱿貞。酒我匚大甲、祖乙十伐、十宰（合九〇四）
（辛巳に占いをする。大甲の日に酒の祭りをするべきか、祖乙に十伐、十宰を供えて。）

己亥卜、㱿貞。酒妣庚、豈。（合二四七一）
（己亥に占いをする。妣庚に酒の祭りをするべきか、豈を供えて。）

などの「酒」という記述が出てくる。花井氏は、「酒」をモチアワで作られた秫酒（じゅつしゅ）や黍（きび）で作られた黍酒と考えた。黍酒は、後に黄酒と呼ばれるようになった醸造方法と同様に、稷と麹を用いて作られたアルコール濃度の高い酒であったと考えられるという。黄酒は、穀物を麹で糖化して醸造する酒のことで、地域によって、糯米、糯粟（秫（じゅつ））をそれぞれ使用するところがある。漢代の製法は、文献の記述によって比較的明確にされている。花井氏は、西周時代から春秋戦国時代の酒が、その前段階に相当することを、『周礼』の記載によって推定している。ここでは詳

しく記さないが、『周礼』の記述では、酒には儀式用の五斉と飲用の三種の酒があり、五斉には、醴酒も数えられ、祭祀の種類によって、酒粕の除き方や濁酒と清酒の混ぜ具合を替えて、種類を作り分けたという。そして、飲用の三種類の酒、「事酒、昔酒、清酒」とは、酒の発酵の速度が、酒を仕込む季節によって異なり、季節によって酒の出来が違うことから、飲用する祭祀の時期によって飲み口の異なる酒になっていたはずであるということである。そして、その中の「清酒」は、冬に醸造して夏ごろできあがるため、中の澱（おり）が沈殿して、ほぼ透明となった酒であった。これが後の黄酒に近いものであるという。このような酒は、火入れ殺菌をして発酵を止めることが、すでにおこなわれていたという説もある。

花井氏は、醴を蘖で作ったと考え、殷墟甲骨卜辞にはほとんど出てこない麹が後出と考えている。そして、麹によって発酵は激しくなり、醸造された「酒」は、アルコール濃度が高かったと推定される。卣には、保存の可能なものが入れられていたと推定されることから考えると、アルコール濃度の高い「酒」が入れられていたとしてよいのではないか。

二〇一二年に陝西省宝鶏市の石鼓山遺跡で発見された殷末周初期の卣（B型卣）は、蓋がしっかりと閉まったまま錆び付いていて、中身の液体が残っていたという[5]。それは、すでにアルコール成分は抜けてしまっていたようだが、透明な液体であった。もし醴であったとしたら、有機物が大量に残っていたはずである。しかし、そのような物質はみられず、もとから純粋な液体であった可能性が高く、清酒の類であったと推定されている。他にも、河南省鹿邑県の長子口墓で出土した卣の、錆び付いた蓋をこじあけて、同様に透明な液体が発見されたという例が報告されている［河南省文物考古研究所ほか　二〇〇〇、一一〇頁］。こうした例からみて、卣には透明でアルコール濃度の高い、純粋な液体である清酒が入れられ、保存されていたという推測は、蓋然性が高いとみる。

殷墟三期ごろから卣の数量が増加するのに伴って、これまで醴の儀式のセットとして組み合わせに入れられていた大型の有肩尊と罍が、明らかに減少していく。有肩尊に代わるように出現するのが、後述の觚形尊と呼ばれる小型・中型の尊である。

2　卣を中心とした酒器へ

（1）卣につけられた紋様

これらの青銅器の紋様はどんな紋様だろう。先述の醴セットの紋様とは異なるのだろうか。

A型卣の前駆段階といえる殷墟初期の小屯三八八号墓出土の壺は紋様がないが、形状の類似したドイツ・ケルン東洋美術館蔵壺（図10―1）には、菱形をたくさん並べたような奇妙な紋様がついている。W字形の口元を下に、ジグザグに上へと伸びる尻尾。サソリの紋様である。殷墟初期に相当する小屯三三一卣には、腹部の四隅に羊頭、上下には龍の紋様がつく。殷墟二期の卣には動物の顔が表される。これらの紋様には、饕餮紋に欠かせない額の梯形飾がなく、饕餮紋ではない。なお、二里岡上層期に相当する湖北省盤龍城遺跡李家嘴一号墓出土の卣の、腹部に饕餮紋がついているのは例外的である。尊と卣の中間的な形状をもち、尊の影響をうけて製作された卣であるためではないかと推測している。

二里岡上層期に相当し、B型卣の目下最古型式の向陽回族食品廠卣は、腹部に非常に流麗な龍の紋様が鋳出されている[6]。殷墟三期のB型卣には、器身の上方に細い紋様帯がつくことが多い。例えば図10―4にあげた国立故宮博物院（台北）の■（ママ）作父乙卣の紋様帯には、一見、菱形が多数並んでいるように見える。しかし、よくよく見ると、左側に菱形二つが並んでW字形になり、その後ろに菱形が二列に並んだものを一単位（図10―2）として、それを横一列に並べた構造になっている。林巳奈夫氏は、この形状は、（先述の）ケルン東洋美術館蔵の壺上に表されたサソリの紋様をデフォルメしたものであると指摘している。確かに、サソリは、口の部分がW字形に見える（図10―3）。

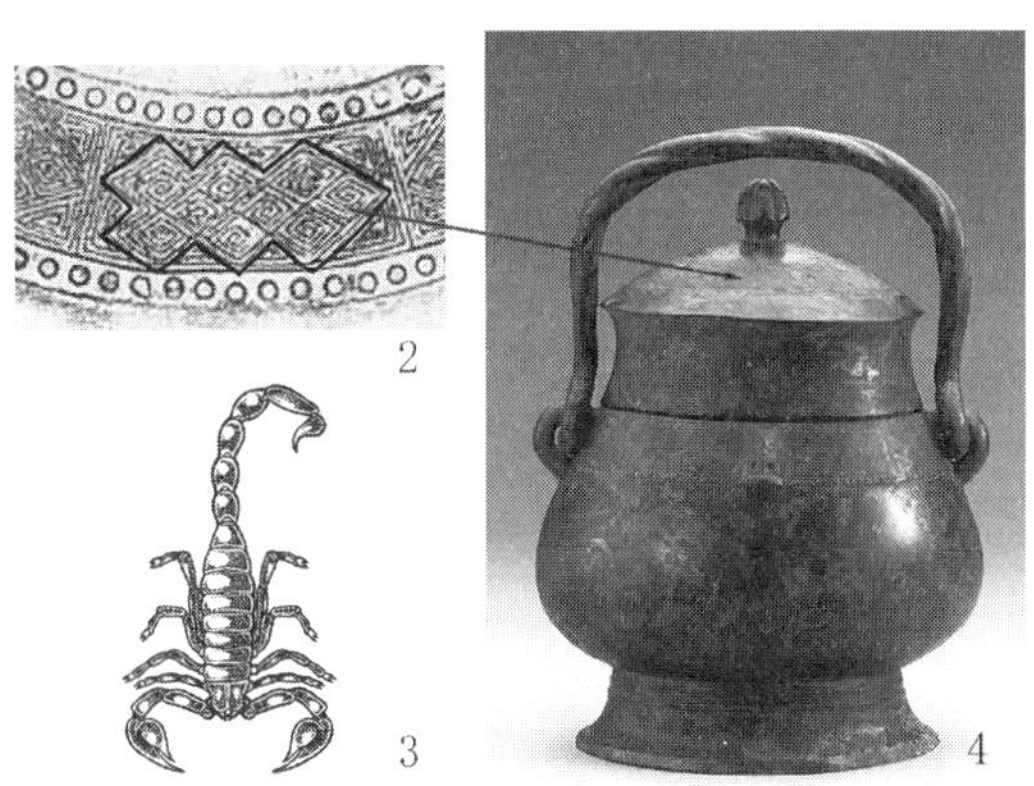

図10 サソリ紋様の卣　1: ケルン東洋博物館蔵壷、2, 4: 国立故宮博物院（台北）卣（国立故宮博物院オープンデータ K1A001825N000000000PAB）、3: サソリ（Adobe Stock No.269221827：©Oleksandr Pokusai）

このサソリ紋はB型卣に非常に多用されており、何か特別な意味がありそうである。この他に、鳥や龍の各種デザインが蓋や器身の紋様帯上にあしらわれるものもある。特に、殷墟三期から主要な紋様となったものには、一般に「鳳凰紋」と呼ばれる長い尾羽のついた鳥の紋様と、縦向きの縞紋様（直条紋）を組み合わせたデザインがある。そして、殷墟四期に、腹部全体に饕餮紋の顔面が大きく表されるものが出現する。この紋様には、ちゃんと額の梯形飾がついていて、正統な饕餮紋と言っても差し支えない。

卣には、当初より、醴の儀礼セットにつけられる饕餮紋とは異なり、龍や鳥など動物の紋様がつけられていた。こうした動物紋もまた、神聖な動物を形象した紋様であったと思われるが、二里岡期以来の青銅器全体における扱いを概観すると、饕餮紋の傍に小さくあしらわれたり、補助紋様帯としてあしらわれたりする種類の紋様モチーフであり、饕餮紋に比べて格の落ちる紋様だったと推定される。

そして、先述のように、卣は内容物を保管する目的の容器であるから醴には不向きで、アルコール濃度の高い強い酒、それも清酒を入れる盛酒器であった可能性がある。ここでいま明らかになったように、卣の紋様が醴の儀礼セットの紋様と異なっていることは、両者に入れる酒の種類が異なるという仮説をも裏付ける。酒瓶のラベルが中身と呼応して異なるように、青銅酒器もまた、中身と呼応して表面の紋様が異なっていたのではないだろうか。天帝の姿とも推定される神聖な紋様、饕餮紋は、醴の儀礼セットだけにつけられる紋様であり、卣とは明らかに差別化されていた。

殷墟四期以降、饕餮紋が卣にまでつけられるようになったのは、この饕餮紋＝醴の儀式の神という法則と信仰が、軽視され無視されるようになった結果であると考えている。その法則が揺らいだ要因である社会の変容について、次節で見ていきたい。

（2）卣を中心とした酒器セットの組合わせへ

ここまで、殷墟二期を境に、温酒器の使用痕跡が消え、醴酒の儀礼が実際におこなわれなくなったと考えたことを述べたが、醴酒の儀礼が衰退したことは、器種の変化からも看てとることができる。図11には、殷墟期の各時期に見られる主要な酒器の模式図を掲げた。殷墟二期以降、酒器の種類が変化する様子がおわかりいただけるだろうか。殷墟二期には、A型卣の形状が確立し、中型墓以上では頻繁にみられるようになる。殷墟三期になると、二羽のフクロウが背中合わせになった形状の鴟鴞卣が出現する。それとともに、B型卣も頻繁にみられるようになる。B型卣は、三期以後、大型と小型の二つをセットとして持つ墓も出現して、多数持っていることを誇示するようになる。

B型卣と同じ頃に出現し、卣と組み合わせるかのように出土する器種が、觚形尊という口が開いた円筒形の容器である。觚形尊は、腹部が膨らみ頸部がくびれ、口縁がやや開く、文字通り、觚を太く大きくしたような形状である。蓋がなく、口縁が開いていることから、保存用ではなく、有肩尊と同じく、酒を入れておくだけの盛酒器と考えられる。そして、殷墟三期以降、有肩尊が急激に数量が減るのと入れ替わるように出現し、主要な器種となってゆく。

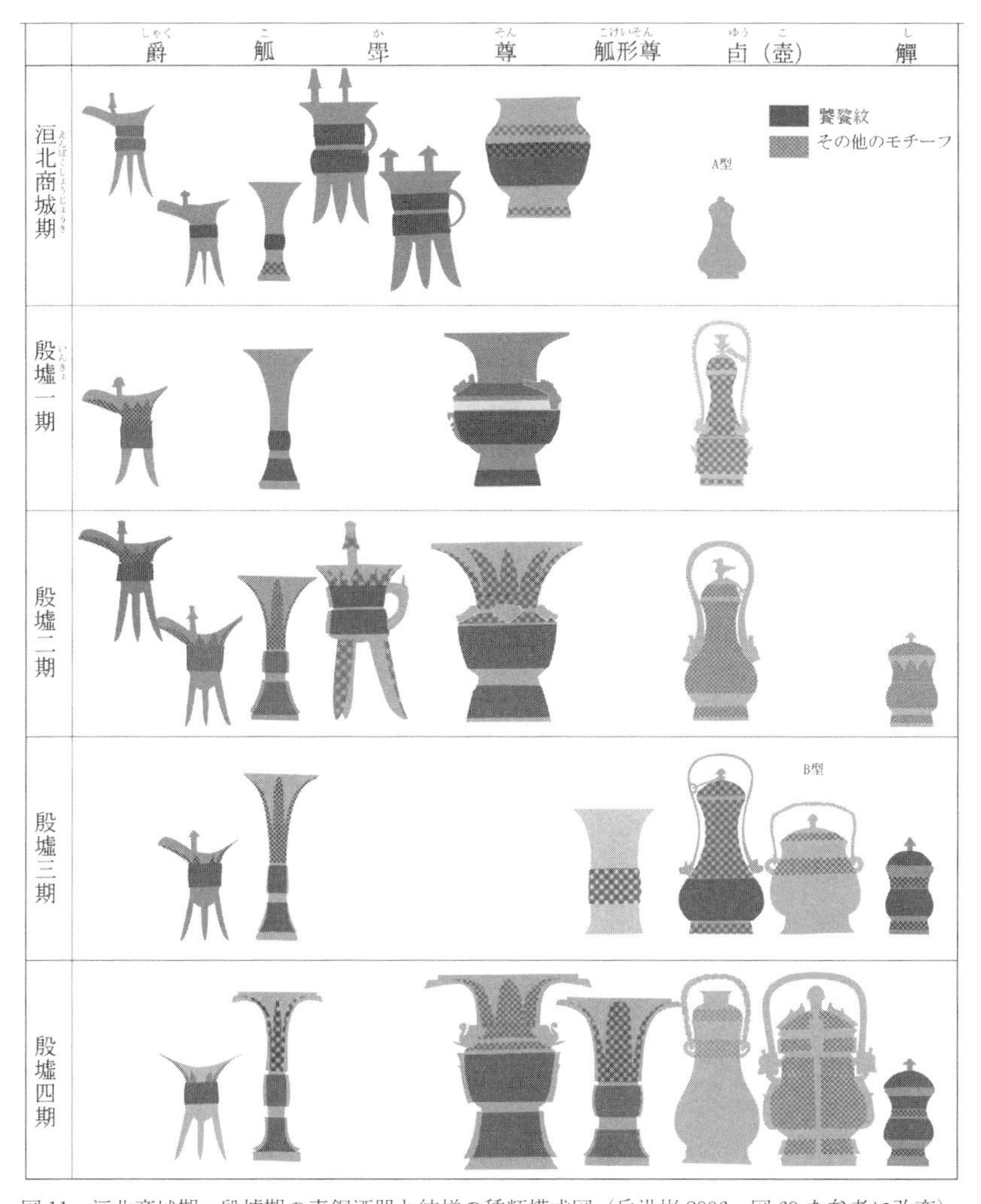

図11　洹北商城期〜殷墟期の青銅酒器と紋様の種類模式図（岳洪彬2006　図69を参考に改変）

図12　メトロポリタン美術館所蔵「柉禁」（メトロポリタン美術館オープンデータ DP219959）

筆者は、有肩尊の代わりに、醴酒を入れる儀式用の容器ではないかと考えている。

さらに、觚が背が高く口が大きく開いて装飾的になるのと同時に、新たに「觶（し）」と呼ばれる器種が出現し、流行する。この器は、高さ二〇センチほどの小さな器で、下半が膨らみ、くびれた頸部を持ち、口縁がわずかに開いている。出現したばかりの殷墟二期の觶は、平面形が楕円形で蓋つきである。小型の卣のような形状であり、卣と同様に、元々は保存用の器であった可能性がある。そのため筆者は、元来は卣同様に清酒を入れる、個人用のマイボトルだったのではないかと思っている。その後、西周時代にかけて、平面形が円形のものが主流となり、蓋のあるものも見られなくなる。一般的には、飲酒のためのカップとして認識されている觶は、ちょうど觚が消えゆくのと入れ替わりに、常用される器となっていく。

酒器のセットがこうした卣を中心としたものに変化したことがよくわかる例として、ニューヨークのメトロポリタン美術館に所蔵されている柉禁（へんきん）（陝西省宝鶏市闘鶏台出土）（図12）が挙げられる。殷末期から西周初期と位置付けられるこの青銅器セットは、長方形の台（禁（きん））と、卣二、觚形尊一、爵一、觚一、觶四、角一、斝一、盉一から構成されている。饕餮紋を持つのは、爵、角、觚形尊、觚、觶一である。大型で装飾の豊富な卣と觚形尊が最も目を引き、セットの中心的な存在であることがわかる。醴の儀礼セットは、爵と觚が一組と、爵の代用の角（図12では、台下右側）、斝が含まれるが、その存在感が薄くなっている様相がよくわかる。清酒を飲むための酒器がすっかり酒器の中心的な存在に代わっているのである。

（3）爵の衰退

安陽市劉家荘北地では、殷墟四期に属する中型の一〇四六号墓（二メートル×四メートル）が発掘されている［中国社会科学院考古研究所安陽工作隊　二〇〇四］。この墓には、鼎六点、有肩尊二点、觚形尊一点、卣三点、盉一点等とともに、爵五点、觚三点が副葬されていた。墓には殉葬者もみられ、青銅器の内容の豊富さから、劉家荘地区の氏族の長クラスの階層上位者の墓と考えられる。副葬品の中の一五号爵はやや古い殷墟三期に属する型式の爵で、饕餮紋があしらわれていた。表面には、布の痕跡が爵全体にわたって残っており、この爵は布で厳重にくるまれて副葬されていたことが推測される。さらに、底部には煤が残っていた。この布にくるまれた爵は、世代を超えて伝世され、大事に醴の儀礼に使用されてきたと推測される。それに対して、同墓出土の他の四点の爵は殷墟四期のもので、布の痕跡は残っていない。布で包まれた痕跡のない爵は、使用痕跡がなく、墓主の身分を示すために複数個副葬された爵であったと推測している[7]。したがって、殷墟二期に完全に醴の儀礼が途絶えたわけではなく、実際に儀礼がおこなわれることもあって、階層上位者は、そのための爵を伝世しつつ使用していた一方で、墓には未使用の爵を複数副葬する。劉家荘北地一〇四六号墓の様相は、爵の儀礼が形骸化していく様子を表していると考える。

爵は前述のように流や把手を持ち、複雑な器形であるので、鋳型も複雑で製作が困難だったはずである。もしも実際に醴酒を温める必要がなくなって、形だけそれらしければ良いのであれば、流をつけなければ、かなり単純な鋳型ですむ。「角」と称される器はまさに、流のない爵に類似する器形を持つ。筆者は、爵の代用品と考えている。《禮記注疏》巻第三十一には、次のように記されている。

図13 殷墟四期の盉（ALNM1046、中国社科院安陽隊2004図10より）

夏后氏尚明水殷尚醴周尚酒。
（夏后氏は明水を尚び、殷は醴を尚び、周は酒を尚ぶ）

これは『礼記』明堂位の注釈なので、漢代以降の見解ではあるが、「夏代には明水を用いたが、殷人は醴を用い、周人は酒を用いた」とあって、殷から周へかけて酒の種類が替わったことが明記されている。酒の種類が変化したことは周知のことだったはずだが、考古資料からのアプローチはこれまでおこなわれてこなかった。

殷墟に政治的中心の存在した殷墟期には、実用ではなくなったとはいえ、爵と觚のセットは残り続ける。しかし、西周期に入ってからは出土例が減少する傾向となり、西周中期には完全に消滅してしまうのである。爵が西周期に入って消えてしまう理由は、醴の儀礼が廃れて形骸したため、作られなくなったからである。

（4）殷代の三つめの酒「鬯」

鬯（秬鬯）という酒について、『周礼』鬱人の注に「築鬱金煮之、以和鬯酒」と書かれている。「鬯」という黒黍で作った酒と鬱金を混ぜて香りをつけたということである。一方、『易経』震卦の三国魏の時代の王弼の注には「匕、所以載鼎實。鬯、香酒、奉宗廟之盛也」と書かれていて、すでに香りをつけた酒が「鬯」であるといっている。

一方で、鬯という字に相当する甲骨文字が同定されている［松丸・高嶋 一九九四、一六一頁］。

甲寅、歳祖甲、白豼一、衩鬯一、簋自西祭。（花4）
（甲寅の日に、祖甲に歳祭をして、白豚一匹、鬯をひたし簋〈に盛った穀物〉で西祭する。）〔朱岐祥　二〇二〇、三二五頁〕

その字体について、上に鼎のような形状があり、その下で網状のものによって濾過された液体を受けているということで、濾過器で酒を濾過する形状が鬯であるという説もある。こうしてみると、「鬯」は、オリを濾過する行為、または濾してある「酒」である可能性がある。

現在、後世の定義に引っ張られて、「盉」（図13）で香りづけをおこなった酒が「秬鬯」であり、殷代の酒の主要な種類と考える傾向が強いように思う。しかし、確かに盉は二里頭期にすでに存在して、西周時代以降にも継続して使われていたが、殷代の盉は出土数が非常に少なく、従って、盉を用いて作る香りつきの酒が、殷代の酒の主流であったと考えることは難しい。

『書經』「洛誥」には、「予以秬鬯二卣、曰明禋、拜手稽首、休享」という記述があり、卣に「秬鬯」を入れていた可能性がある。殷代の甲骨文字にすでにみられる「鬯」とは、単に黒黍の酒である可能性があり、香りつきの酒とはまた別物として考えた方がよいかもしれない。

四　酒の種類の変化と社会の変化

本節では、視点を変え、青銅器の変化から看取される殷墟期に入ってからの醴の儀礼の衰退と形骸化、醴に代わって（清）酒を使用する機会が増加したと推定されることと、殷墟期の考古学的見解における社会の変化が相関するのではないかという仮説について述べてみたい。

これまでの中国考古学界では、二里頭期、二里岡期、洹北商城期、殷墟期という時期区分については定説となっていて、それぞれの時代の社会様相がほぼ変わらないものとして考察がおこなわれている。しかし、筆者は殷墟の研究を長年おこなう上で、殷墟に遷都された盤庚以来、十二人の王の在位するおよそ二〇〇年前後の時間における王墓出土遺物や宮殿区での遺構と出土遺物の変容過程、殷墟という大都市の発展、都市構造の変化過程、地方文化との関係性などについて考察してきた。すると、「殷墟期」として一括りにできるような様相が、最初から最後まで続くわけではなく、当然ながら興隆期、繁盛期、衰退期があり、それは宮殿と宮殿外の市井とではまた、変化の流れを異にしていたのではないかという結論に至っている。

本書では、酒に主眼を置いており、紙幅の関係もあるため、その社会状況の変化を十分には論じることができないが、酒器と酒の種類の変化にも、殷代の社会的、経済的変化が大いに関係すると考えているので、本節で言及してみたい。

1 殷墟二期からの酒器の変化

(1) 殷墟二期の醴の儀礼の衰退

二里頭期に始まる温酒器「爵」と、そのおよそ十倍の容量のある温酒器「斝」は、筆者が実物を観察した限り、ほとんどのものの足から底部を中心にした部分に黒い煤がつき、実際に使用したことが明らかであった。二里頭期に続く二里岡期の爵と斝、中央研究院歴史語言研究所に所蔵されている洹北商城期から殷墟一期にかけての墓、小屯丙区北側の墓葬群三三三号墓や三八八号墓などから出土した爵と斝についても、黒い煤が明確についている。したがって、殷墟一期までは確実に温酒器を使って、醴を温めていたことが確信できる。

さらに、筆者は婦好墓[8]に代表される殷墟二期の爵、斝についても同様に実物を観察して回った。殷墟二期に属する青銅器は、一期に属する青銅器に比べると、非常に多い。爵と觚は特に多く、大型の王墓、貴族墓に複数の爵と觚のセットが副葬されているのはもちろんのこと、小型の低階層の墓にも副葬されていることがある。筆者の勤めている歴史語言研究所には、同時期の王墓、西北岡一四〇〇号大墓出土品の爵や、同時期の随葬墓から出土した斝もある。しかし、それらには使用痕はみられない。これは一体どうしたことだろうか。王や王妃の墓には、威信具として、必要以上の青銅器が作られ埋葬されるため、実際に使わなかったのだろうか。それならばと、中国で最近発掘された、同時期の低階層の人を埋葬した小型墓出土の爵や斝を観察してみても、やはり使用痕は滅多にみられない。殷墟二期に大量に作られた青銅器は、実際には使用されない状況に陥っていたと考えられる。

一方、前節で述べたように、殷墟期の墓の出土品には、卣の数量が次第に増えていく。すなわち、醴の儀礼用ではなく、アルコール濃度の高い「酒」用の酒器が増加していったということである。そのバリエーションが豊富になり、紋様や装飾も工夫を凝らして、派手に目立つようになっていくのが、まさに殷墟二期であることも述べた。それは、爵や斝に実際の使用痕跡がみられなくなっていく時期と重なるのである。

これらの事象から推測すると、殷墟二期には、「醴」による儀礼は急速に廃れてしまった、ひいてはなくなってしまい、その後、代わりに「酒」が多用されるようになっていったと考えてよいのではないか。それでは、急速に醴の儀礼が下火になってしまった原因は何なのだろうか。

2　殷代の社会の変化

(1) 殷墟西北岡王陵の王名比定

殷墟には、洹河という川がおおむね東西方向に蛇行しながら流れており、その南岸に小屯宮殿区、北岸から少し離れた場所に西北岡王陵区と呼ばれる墓地が存在する。小屯宮殿区からは、四つの小区域にそれぞれ大型の

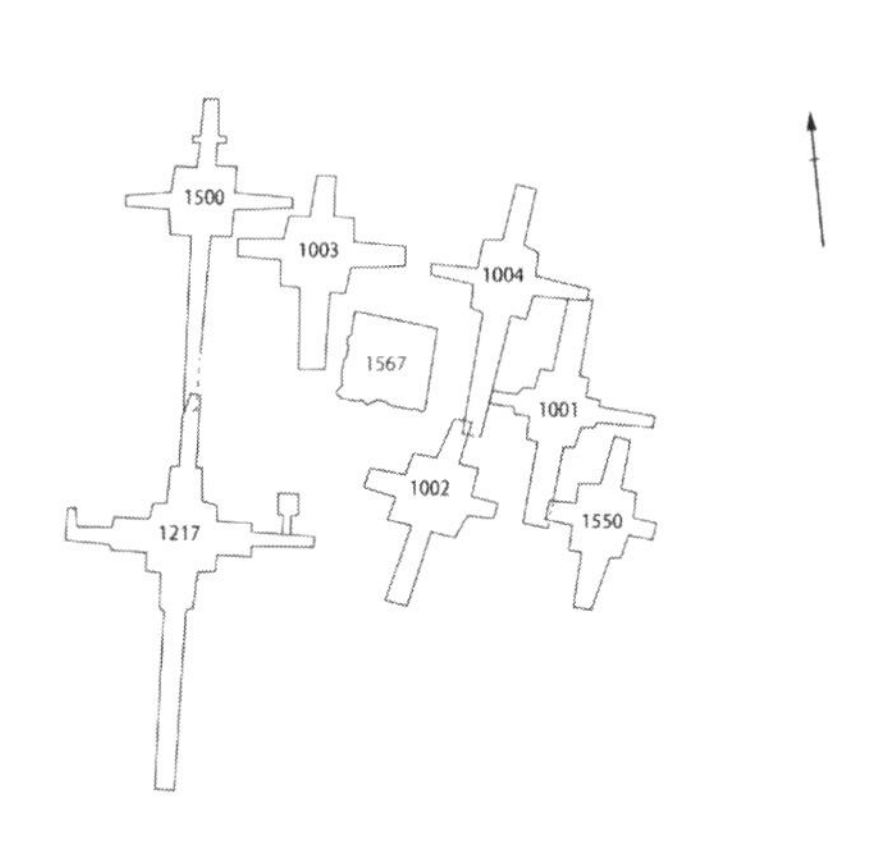

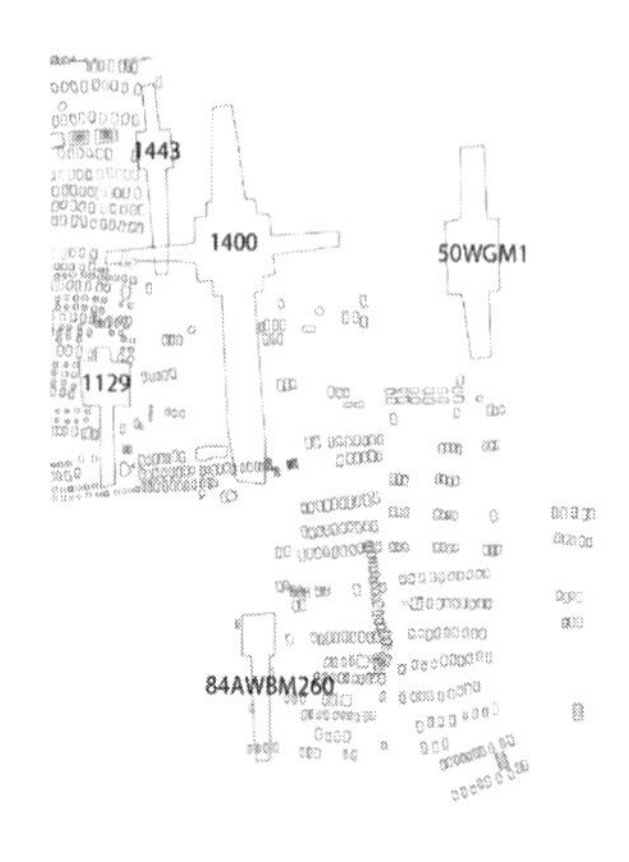

図14　安陽殷墟西北岡王陵区の墓分布図

建築趾が発見され、また当時の政治で大きな役割を果たした甲骨文字の彫り込まれた卜辞を集中して埋蔵した土坑が発見されているため、政治の中枢が置かれた区域であると考えられている。一方、西北岡の墓地区では、八基の十字形（亜字形とも言われる）の大墓、三基の中字形の大墓、二基の甲字形の大墓・中型墓が発見されている（図14）。中央研究院歴史語言研究所は、一九三一年以来、一五季にわたって西北岡地区の発掘調査をおこなった。さらに、一九四九年以降は、中国科学院（一九七七年以降は中国社会科学院）考古研究所などによって、継続して発掘調査、分布調査などがおこなわれている。これらの大型墓は、激しく盗掘を受けており、副葬品が完全に残っている墓はなかったが、西北岡一〇〇四号大墓からは、牛、鹿の浮彫り紋様をあしらった大型の方鼎が発見されている。また、一〇〇一号大墓から出土したと伝承される大型の青銅器（獣面紋方盉）が、現在根津美術館に所蔵されているなど、これらの大墓には、壮麗な青銅器が副葬されていたことを示す十分な証拠がある。さらに十字形に四本もの墓道を持つ墓は、殷墟では他の地区で発見されておらず、これら十字形の墓道を持つ大型墓が特別な規格を持つ墓であり、殷王朝後期の歴代の王墓であることは、疑いない。筆者はかつて、それらの王墓について、造

表1　西北岡王陵の順序と王名の比定

大墓番号	王名	大墓番号	妣名	墓番号	配偶名	分期	
50WGM1							
1443							
1001	小乙					殷墟一期	
1550	祖己					殷墟二期	前期
1400	武丁	84M260	妣戊	小屯 M5	母辛（婦好）		
1004	祖庚						後期
1003	祖甲					殷墟三期	
1002	庚丁						
1500	武乙					殷墟四期	前期
1217	文武丁						
1567	父乙						後期
	帝辛						

成した順序を決め、さらにそれらの墓に歴史上の王名を比定する論考を発表した。特に、西北岡王陵区の東区の一四〇〇号大墓の南に、南墓道しか持たない八四武官北地二六〇号墓が一直線に並んでおり、その墓から「司（后）母戊鼎」、すなわち武丁の（妃）妣戊の鼎という銘文を持つ大型の方鼎が見つかっていること、そしてその方鼎と紋様や型式が類似する方鼎が、武丁の配偶の一人とされる婦好（母辛）の墓から発見されていること、一四〇〇号大墓から出土した爵や觚などの青銅器が婦好墓出土の青銅器と同型式であることを証左に、一四〇〇号大墓は、武丁の墓であると推定した [Mizoguchi & Uchida 2018: 178]。そうした上で、前後に相当する大墓を、墓の切り合い関係とわずかな出土品の中で共通する器物を比較して、墓の前後関係を確定し、歴代の王に比定していった（表1）。

（2）王陵出土品からみる殷墟二期の王朝の衰退

つぎに、各墓に残された遺物を精査して、王墓は殷墟一期後半の一〇〇一号大墓（第二一代小乙の墓）から二期の一四〇〇号大墓（第二二代武丁の墓）にかけての時期を頂点として、次第に副葬品の造形や装飾が退化したり、玉器の材質が粗悪になるなど、内容が貧弱になってゆき、殷墟期の最終段階には、相当貧弱な内容の副葬品しか持っていなかったのではないかと推定するに至った。

この王墓の副葬品の内容が貧弱になっていく現象は、殷墟二期以降、商王朝の王権が次第に弱体化していくことを示していると思われる。これは殷墟二期に醴の儀礼が衰退していくように見える現象と連動しているのではないだろうか。

3　古代酒の科学分析による原材料の同定

本節では、視点を替えて、科学的分析の視点から醴について考えてみよう。酒の原材料が何であったか、近年、土器や青銅器などに残存していた有機物をサンプルとして、さまざまな手法による科学分析によるアプローチが試みられている。

マックガバン氏（カナダ）らのチームは、中国古代の酒について、ガスクロマトグラフィーなどの数種の科学分析の手法により研究をおこなった。黄河流域の新石器時代前期に相当する仰韶文化において、土器底に付着した有機物の成分や炭素同位体を分析し、果実、粟か米、ハチミツを用いて作られた酒であると明らかにした［MacGovern et al. 2004: 17595-17597］。劉莉氏らのチームは、西安市米家崖遺跡で出土した土器に付着していた土の中の澱粉分析によって、米とハチミツなどを使用して酒を作っていたという分析結果を発表した［Wang et al. 2016: 6445-6447］。河南省賈湖遺跡の建物の床面に残存している穀物の澱粉を分析して、新石器時代前期にすでに酒宴がおこなわれていた可能性についても言及している［劉ほか　二〇一八、四〇―四一頁］。新石器時代前期にはすでに、黄河流域でも果実やハチミツで発酵を促進させながら穀物を使った酒が作られていたということが明らかになったのである。

それでは、二里頭期から殷代にかけての醴酒の原材料は何であろうか。劉莉氏らのチームは、二里頭遺跡出土の土器に付着している有機物に含まれる澱粉や、微生物の分析研究をおこない、その結果が二〇二三年に報告された。それによると、二里頭遺跡出土の土器のうち、特に酒の醸造に使用されたと推定される大口尊や、温酒器の盉の底に溜まっている有機物は、サンプル一四例中、米の澱粉が八〇％以上あることを発表した［賀娅輝ほか二〇二二、三五頁］。この分析の結果により、醴酒の原料は、主に米が使われていた可能性がより高くなった。

一方で、先に述べたマックガバン氏らの研究によれば、殷墟四期に属する劉家荘遺跡出土の盉には、果実の使用を裏づける酒石酸の成分がなく、原材料は粟か米のみで、新石器時代の黄河流域の酒とは全く異なっていると述べている。木犀や香草によって香り付けをした粟による酒と見られる有機物が入っていたと主張し、「鬱鬯」が、盉を用いて香りづけをした酒であるという文献上の記載が、まさしく実証されたと主張している［MacGovern et al. 2004: 17597］。

このように、科学分析のサンプルは少ないながらも、新石器時代には果実やハチミツなどもミックスされた穀物による酒が、二里頭期には米が主体の醴が、そして、殷墟四期の盉では、香草で香りづけをした酒が存在したということが断片的ながら確認されている。

4　醴の起源と米どころの衰退

（1）醴の起源

醴と同じ「甘酒」「甜酒」などと称される飲料が江南地方にはいまだに残っており、滋養飲料として愛飲されていることを先に記した。醴の起源はいつ何処に求められるのであろうか。

中村慎一氏によると、新石器時代に長江中下流域で発祥した稲作は、新石器時代前期には長江流域から江南地方、山東省、河南省南部、陝西省南部に至る広範囲に広がり、紀元前二〇〇〇年ごろには、より広範囲に伝播したという（図15）［中村　二〇〇二、一八九―一九四］。生育条件は気温だけでなく、湿度や降水量が重要な鍵となるの

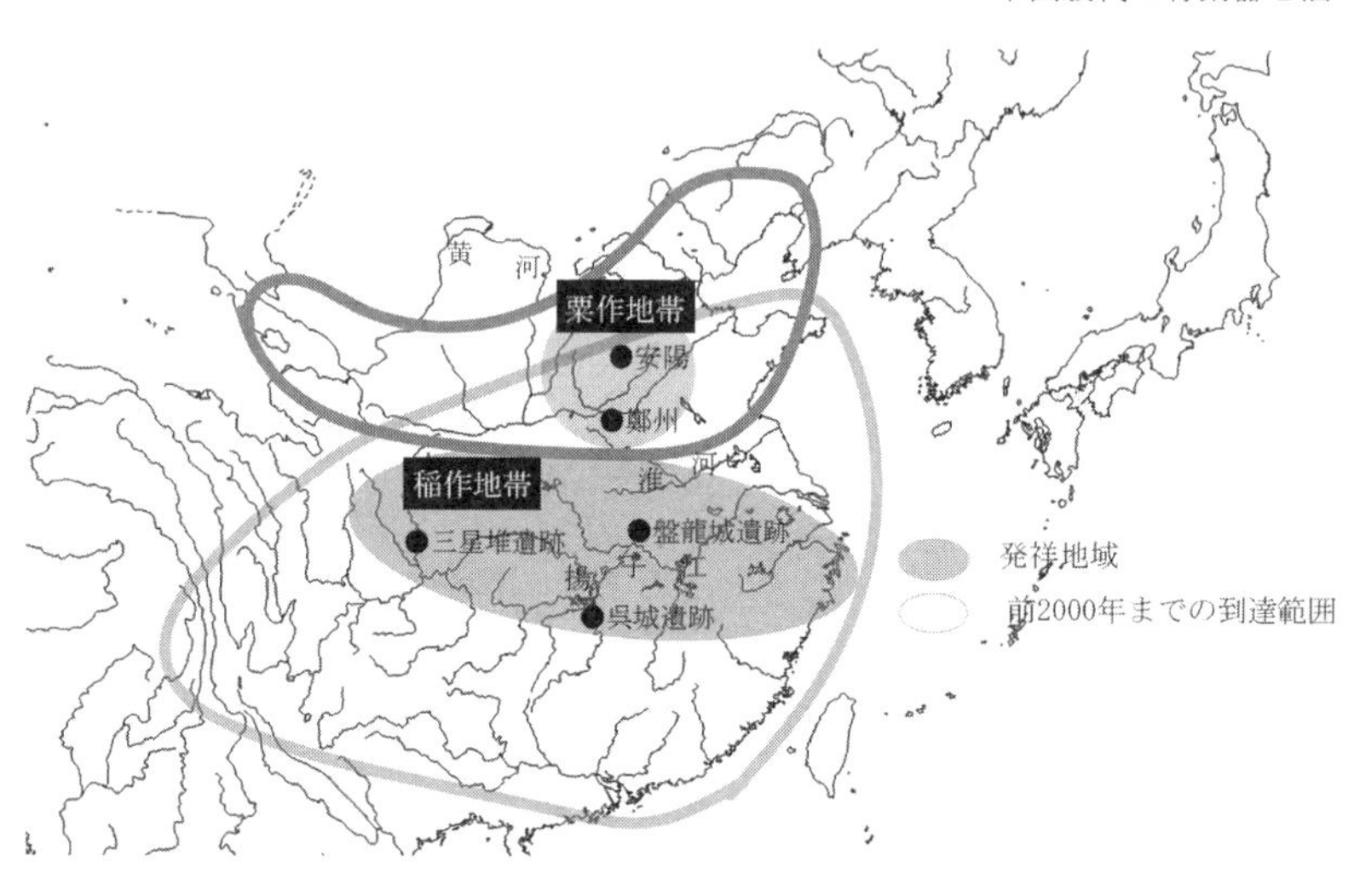

図15　新石器時代稲作地帯と粟作地帯の範囲（中村 2002 図65、図66 をもとに改変）

で、黄河流域は非常に栽培が難しい。いずれにせよ、現在に至るまで、長江流域が主たる栽培地であることは変わりない。殷代にも同様に、主に長江流域において栽培された米が商の王都へと搬入されていたと推測される。

さて、杜金鵬氏は、新石器時代後期に、鬲状の袋足と流口のついた「鬹（き）」（図16）と称される土器を中心とする山東省の大汶口（だいもんこう）文化に由来する土器が、黄河流域に至るまで広く分布していることに着目し、その分布範囲についての論考を発表している［杜　一九九二］。それによると、長江下流域から、西北方向に向かって穎水沿いにその分布域が伸びており、山西省の南部に達していることがわかるという（図17）。三足がつき、流口がつく器——これはまさしく、中身を温めて注ぐ器であり、爵と同様に、醴を温める器ではないか。すなわち、新石器時代後期には、醴を温めて飲む習慣、さらに言えば、醴を温めて飲む祭祀が、江南地方から内陸の山西省南部に至る地域に伝播していたと言えるのではないだろうか。そのように考えると、二里頭期にごく初期段階の技術しか持たないにもかかわらず、無理やり青銅爵の製作技法をあみ出して、醴の儀礼のための青銅器を製作していた理由について、大きな脈絡の中で理解することができる。醴の儀礼はすでに、社会統合のための中核的行為になっていたのではないだろうか。

（2）大汶口文化の酒

一方、高広仁氏、邵望平氏、杜金鵬氏は、新石器時代中期の山東省の大汶口文化に起源のある鬶が、黄河流域、揚子江流域にわたる広範囲に広がって、時間的、空間的に広がるうちにその器形が盉という器種へと変化していったことを論じている。醴に関わる大口尊も、鬶や盉の源流も、大汶口文化に起源があるという。すると、中原地域の醴の起源はおそらく山東省の新石器時代中期に求められるということである。岡村秀典氏、宮本一夫氏は、二里頭遺跡で出現した数基の巨大な宮殿趾に注目し、王に対する宮廷儀礼のおこなわれた場であると指摘している。岡村氏は飲酒の宴が、二里頭遺跡の重要な儀礼に伴うものであったこと、また、そうした礼制を中心にして初期王朝の精神的な統合を形作ったのではないかと論じている［岡村　二〇〇八］。宮本氏は、新石器時代中期の山東省の大汶口文化に明確になった階層制が中原地域へと波及して、初期王朝の二里頭期に、青銅酒器を持つ最高ランクから下層へと、副葬品によってランキングが明示されることにつながったとする［宮本　二〇〇五］。

図16　山東龍山文化の鬶（山東省日照市瓦屋村 R018034、写真提供：中央研究院歴史語言研究所）

諸氏が唱えるように、二里頭期の酒器は新石器時代の山東地域に発祥する鬶から波及してきたものである可能性は高い。その酒器とは、ほかでもない温酒器であり、「温めなければ飲めない酒」が、新石器時代から広範囲で重要視されてきたこ

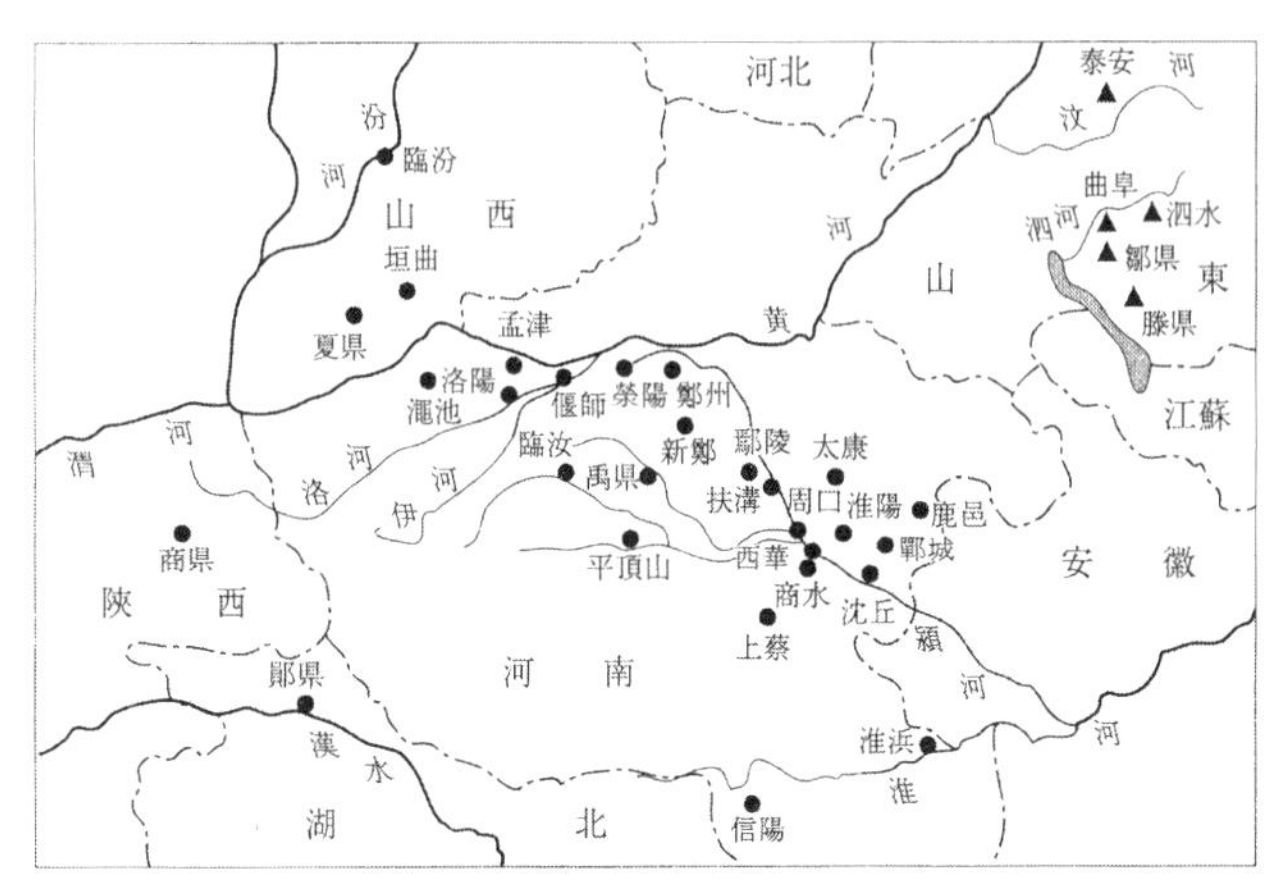

図17　大汶口文化の広がり（原図：杜金鵬1992。宮本一夫2005図46より）

とがわかる。まさに「醴」が広範囲に広がっていたのである。その醴の儀礼の伝統が、二里頭期、そして次なる殷代へと引き継がれたと考えられる。東南方を発祥とすると考えることが可能なら、二里頭期から殷代にかけての醴の原料は当然、米であると考えてもよいだろう。

そして二里岡期～洹北商城期以降、青銅器は中国の広域に分布するようになることが知られている。揚子江流域では、三星堆文化や呉城文化などの地方色豊かな文化が発達し、現地で生産されたと考えられる華中型青銅器が登場するのはよく知られている。ところが、必ずしも全ての器種が伝播しているわけではない。図18は、洹北商城期以降の爵と觚の分布域を示した図であるが、この図によれば、爵と觚の分布は、まさしく杜氏の提唱する大汶口文化由来の鬹の伝播域（図17）に重なっていることがわかる。すなわち、醴の儀礼は、同じ地域を中心としてずっと残りつづけていたのであり、今度はそれが青銅器の儀礼セットの分布として現れたということだ。

5　殷墟二期の江南文化の衰退

(1)　殷墟二期の異変

中村慎一氏によると、稲作の分布範囲は、新石器時代後期には、揚子江流域から漢河を遡るルート、淮河から潁河や河を遡るルートなどがあり、黄河南岸に迫る地域まで広がっていたという。しかし、殷王朝の中心地域である鄭州や、とりわけ殷墟までは稲作地帯は達しておらず、これらの地域は、粟作が主体となっていたという。新石器時代に中国東南部に起源をもつ醴が伝播し、殷王朝時代にも醴の原料として米を使用し続けていたとするならば、殷王朝で使われた米自体は江南地方との交易によってもたらされていたものと推定される。

醴の儀礼が急速に廃れた殷墟二期に、その米が入手できなくなったと仮定すれば、その急速な減少の理由が合理的に説明できるのではないだろうか。

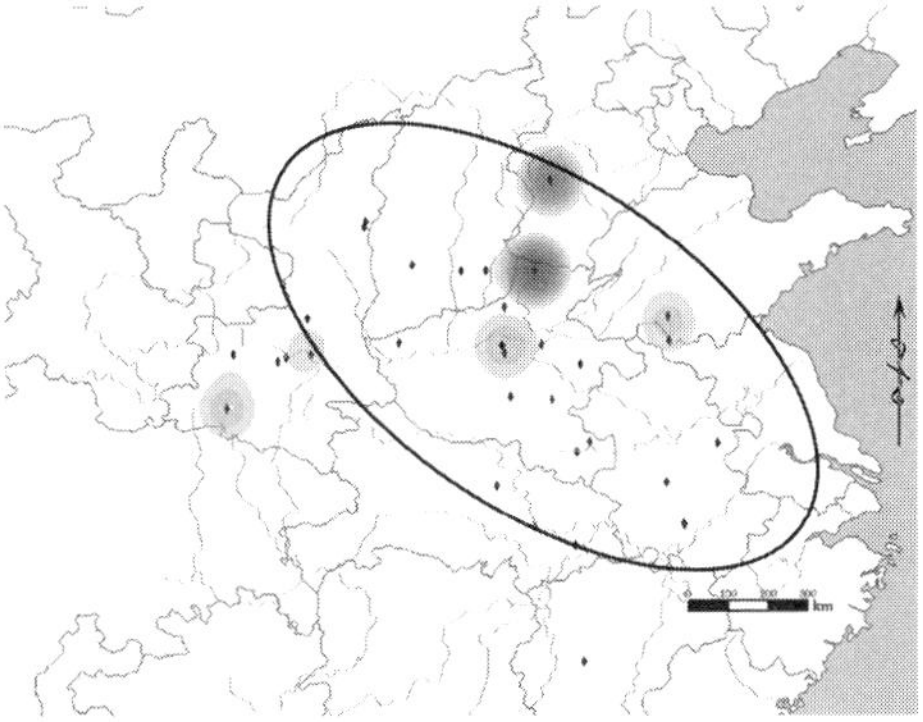

図18　洹北商城期～殷墟期の盛酒器・飲酒器の広がり（難波2006図5より）

（2）他の器物の交易の衰退

この仮説を裏付けるために、他の器物における揚子江流域との交易の盛衰について、概観してみよう。

殷王朝の王墓で特徴的な副葬品として、玉璧を挙げることができる。玉璧とは、中央に円孔のある円盤形の玉器で富貴の象徴とも言われ、新石器時代以来続く代表的な器種の一つである。殷墟一期に属する玉璧は、緑色の半透明の軟玉によって製作された平坦な無領式璧と、象牙色の不透明な軟玉によって製作され、中央の円孔の縁が突出して断面T字形を呈する帯領式璧の二種類がみられる。象牙色の帯領式玉璧は、揚子江流域の遺跡において多数確認されており、特に三星堆遺跡で大量に発見されていることが知られている。とともに、殷墟二期までの商代遺跡では大量にみられる。

例えば、殷墟二期の標準遺跡とされる婦好墓では、少なくとも四点の象牙色帯領式玉璧が発見されている。一方、緑色の無領式玉璧もまた、四点出土しており、両者はそれぞれ意識される別の型式の玉璧として併用されていたと推測される。殷墟三期に相当すると考えられる一〇〇三号大墓では象牙色の帯領式玉璧が少量あるものの、殷墟四期に相当する一五〇〇号大墓、一二一七号大墓からは、帯領式玉璧がみられず、さらには無領式玉璧が存在するものの、軟玉ではなく、蛇紋岩製の璧が副葬されている。象牙色の帯領式玉璧の正確な産地はいまだ不明であるが、唐際根や荊志淳らは、成分分析の結果から、殷墟の帯領式玉璧の成分と三星堆遺跡の玉璧の化学成分は近似しているため、最多の出土数を誇る三星堆遺跡の近くで製作された可能性があるという［荊ほか 二〇〇七、三七六―三八一頁］。筆者もその見解を支持する。とすれば、殷墟二期には大量に入ってきていた南方の帯領式玉璧が、殷墟後半期に入手困難になった可能性がある。

（3）揚子江流域の地方文化の衰退

四川省成都市郊外にある三星堆遺跡は、二重の城壁を持つ大集落遺跡であり、一九八〇年代に二つの土坑から、多数の象牙とともに、奇怪な青銅神像や巨大な青銅仮面、青銅尊、帯領式玉璧などが発見された［四川省文物考古研究所 一九九九］。特に神像や仮面の形状が他地域ではみられない独特のものだったことから、この地域に独自の青銅文化が存在したことを示すものとして、一躍有名になった。その三星堆遺跡では、二〇二一年にも新たに埋蔵坑が四基発見され、発掘風景を写した番組がネット配信されるなど、話題をさらった。その三星堆遺跡からは、多数の青銅尊が発見されている。形状、紋様は独自の特徴を持っているものの、殷墟の青銅尊との共通性があり、その特徴を相互に比較することにより、殷墟の時期区分との並行関係を推定することができる。

筆者の研究によると、三星堆遺跡出土の青銅尊はおおむね殷墟二期に並行して発達する。しかし、ほぼ殷墟二期の終末と共に、滅亡してしまう。発見された埋蔵坑は、その際に廃棄された神像や宝物を埋蔵したものと推測している。

呉城文化は、揚子江の下流域右岸に位置する江西省を中心とする文化である。一九八九年に発見された新幹大洋洲遺跡からは、青銅器が多数発見されたことで注目を浴びた。これらの青銅器は、その形状や装飾の特徴から、殷墟二期に属すると考えられる。青銅器のみでなく、先述の帯領式玉璧をはじめとする玉器も多数副葬されていた。贛江（かんこう）湖畔に位置する城壁都市の呉城遺跡で見つかった「呉城文化」は、殷代に並行し、一九七四年から発掘調査がおこなわれ、三期に分期されている。報告書によると、二期の後半をもって、一旦文化が断絶しており、それは戦乱によって滅亡したことを示していると推測している［江西省文物考古研究所ほか　二〇〇五、四〇七—四〇九頁］。実際に戦乱があったかどうかは、その証左となる遺跡上の痕跡や戦争に関連する遺物がどれほど出土しているか、などの検証が必要であろうが、殷墟二期に相当する呉城文化三期に、集落や文化内容が急速に衰退したことが事実とすれば、まさに三星堆遺跡の状況と一致する。そして、殷墟二期、まさに醴の儀礼が衰退したこととも合致するのである。(9)

（4）殷墟二期の変容の仮説

それでは殷墟二期に何が起こったのであろうか。

筆者が今、言えることは、このような揚子江流域、すなわち稲作地帯の文化が同時期に急速に衰退したという事実が、単なる偶然ではないだろうということだ。推測するならば、ある年に気候変動や蝗害などの天災が起こった結果、稲作に大きな打撃を受けて、揚子江流域の社会が一気に衰退してしまったのではないだろうか。例えば日本では、一九九一年のフィリピンのピナトゥボ火山の大噴火の影響を受けて一九九三年に冷夏となり、米

図19　1（左）：亀甲卜辞（乙編2948＝YH127:R044577　写真提供：中央研究院歴史語言研究所）、2（右）：婦好像（筆者撮影）

の収穫量が激減して「平成の米騒動」と言われるほど、市民生活が大打撃を受けた。気候変動によって、ある年突然、米が全滅、という事態も起こりうるのである。同様に、殷代の中国で、何らかの原因で揚子江流域の米の収穫量が減少したため、繁栄していた大集落が衰退する事態に陥ったということは、ありえない話ではない。米どころの揚子江流域から、黄河北岸の大邑商へと送り込んでいた米の供給が途絶え、さらには、銅鉱石、鉛鉱石、帯領式玉璧などの物資の交易も途絶えてしまった原因として、気候変動は大いに可能性がある。

武丁期のものとされる甲骨卜辞の中に、武丁の配偶の一人、婦好に関するものがある（図19—1）。

辛未卜、争貞：婦好其比沚戛伐巴方、王自東深伐、戒陥于婦好位。（乙編二九四八）

（沚戛〈侯国の一つ〉に巴国を討伐させることを婦好に命じ、王は東から奥へと攻めたなら、婦好は陥せるだろうか。）

占いの結果は、結局うまくいかなかったということのようである。

巴国とは現在知られている上では、四川省の旧国名にあたるが、安陽から当時の殷の部隊が遠征しようとしたとするには、あまりに遠すぎるので、この卜辞に出てくる巴国は、もっと近い他の地域の地名であるという説もある。しかし、この時、王室の権威を保持するための物資が途絶えたとすれば、武丁が「いうことを聞かず、物資を持ってこない」交易先の巴国を討伐しようとし、婦好を使って沚戛に命令させようとして、その吉凶を占った。と解釈することで納得がいく。もし、想像を逞しくして、上述のような文脈でこの甲骨卜辞にまつわるストーリーを読み解くならば、次のような真相であったのではないか。「武丁は物資の納入の途絶えた巴国を討伐しようと思ったが、揚子江流域は、気候変動によって壊滅的な打撃を受けており、討伐するまでもなく衰退していた」。小屯村の殷墟遺跡公園内にある婦好の墓は現在、発掘当時の出土品の様子が復元展示され、見学できる施設となっていて、傍に墓上に建てられていた廟が復元されている。そして、その前には、武装した婦好の像が建てられている（図19―2）。確かに婦好の墓には、鉞や戈などの武器が納められ、武人的な要素があることも相俟って、神秘的な「武装の麗人」という想像がなされている。しかし、甲骨卜辞の内容からみると、実際は婦好が遠征せずじまいに終わったかもしれない。

話が横道に逸れたが、殷墟二期に、醴の儀礼を共有し、醴のみならず、各種の手工業の原料供給に至るまで、相互に強く結びついていた殷王国と揚子江流域の関係が、脆くも崩れ去った結果、商王朝の精神的支柱となって支えていた醴の儀礼も、縮小してしまった。饕餮の神を祀る儀式という精神的支柱が衰えたとしたら、商王朝はどうなったのであろうか。

折しも、饕餮の神を忘れたかのように、鳥紋や龍紋などを飾る卣にて保管する、強い清酒が宴会に用いられ、弱い醴で穏やかに粛々とおこなわれていた儀式や宴会が、激しく騒々しいものに変わってしまったのではないか、と想像するのは、酒の飲めない私の偏見だろうか。

おわりに

1　酒と社会の変化

殷王朝は、最終的に、黄河をさかのぼること五〇〇キロの陝西省に興った周族の武帝が攻め入り、牧野の戦いに敗れて滅ぼされてしまう。紀元前一〇四五年ごろのことであった。商王朝の滅亡でいま一度思い起こされるのは「酒池肉林」の故事である。酒におぼれる体たらくを晒していた紂王は、周の武帝に滅ぼされてしまったという。

しかし、ここまで見てきたことを思い出してほしい。二里頭期以来、工夫を重ねながら見事な青銅器を作り上げつつ、ずっと守り続けてきたのは、アルコール度の低い、滋養飲料のような醴を用いた穏やかで厳かな儀式の酒宴だった。そして、醴の儀礼に用いる饕餮紋をつけた青銅酒器のセット、爵・觚・斝・尊が確立した。しかし、殷墟に都が遷ってしばらくたった殷墟二期、その醴の供給が突然途絶えてしまったようである。醴は、発芽した米を使って醸造していたと思われる。しかし、それと前後して、アルコール度の高い保存のきく酒が登場し、優勢を極めていったことが、酒の保存用の青銅器「卣」の登場と増加で看てとれるのである。そのアルコール度の高い酒とは、麹を用いて醸造する技術が現れたことによって得られたものである。後代の中国で一般的となったいわゆる「黄酒」の前身と考えられ、黄河流域でも栽培されていたキビやモチアワなどの穀物を使用した酒であっただろう。

アルコール度の強い酒を飲みかわす宴会は、それまでの厳かな儀式とはうってかわって、賑やかな宴会になってしまったのではないか、そこから話が膨らんで「酒池肉林」のような話になったのかもしれない、と筆者は想像をめぐらせている。とはいえ、その清酒を入れた殷代の青銅酒器「卣」は、容量が三リットルほどに過ぎない。西周時代の青銅卣には、巨大で一〇～二〇リットル以上の容量をもつものが多数存在する。そのような青銅卣や壺を見るたびに、「周時代の酒宴は、殷代の酒宴には比べ物にならないほど、大酒を飲んで、乱れたものだったのではないか？『史記』に書かれた酒池肉林のエピソードは、周の人々による風評被害ではないだろうか？」と、殷びいきの筆者は思うのである。

醴と酒という視点から、殷代青銅器、ひいてはそれをめぐる社会変動を眺めてみると、これまで謎と神秘に満ちていた中国古代王朝の世界が、少しだけ身近に感じられ、理解ができたような気になっている。古代の人々も、現代の私たちと同じように、気候変動や疫病など、一つの要素が大きな問題を生み、それに対応しているうちに社会が変わっていくという体験をしていたのだろう。そして、現代もなお社会の円滑剤として大いに機能している「酒」が、古代から社会をまとめる役割を果たし、青銅器というハイテクを発達させて後代の私たちをも魅了する芸術作品を造り出した。はたまた時にはその不足が祭りの形態を変え、社会を揺るがすほどの影響力を持ってきた可能性があることにも驚きを感じる。

近年、世界的にも、古代の酒作りについての遺跡や遺物の発見が相次ぎ、古代の酒の科学的研究も進められている。「酒」は今後の考古学界で目を離せない研究課題の一つである。

注

（1）王国維は「斝は爵の大なる者を為す」（爵の大型品が斝である）と言っている。そして、まさしく十人分の温酒器である。〔王国維『観堂集林』観三、一四六頁〕

（2）羅針玉『殷虚書契考釋』第二巻（一九一五年）二五頁、白川静「殷代雄族考」『甲骨金文学論叢』八号（一九五八年）七〇頁など。

（3）商承祚『殷虚文字類編』五巻（一九二三年）七頁、董作賓『殷暦譜』六巻（一九四五年）七四頁など。

（4）觶とは腹部下方の膨らんだ小型の器で、西周期に流行した。後節参照。

（5）発掘者談。

（6）この紋様は饕餮紋に似た正面形の紋様であるが、角の表現がない点が饕餮紋と異なっているので、筆者は龍紋とみなしている。

（7）青銅器は、墓の規模が大きく、階層の高い人物ほど数量が増える傾向にある。西周時代後期以降では、身分によって鼎、簋の数量がおおむね決まっていたと考えられている。

（8）婦好墓は、一九七六年に安陽市の小屯村で発見された未盗掘の中型墓で、殷墟二期の標準遺跡とされている。四八六点に上る青銅器の多くに「婦好」という銘文があり、第二二代の殷王「武丁」の配偶の一人と推測されている。中国社会科学院考古研究所編一九八〇『殷虚婦好墓』北京：文物出版社

（9）殷墟二期の長江流域の衰退については、内田純子・溝口孝司「王墓からみた商代後期の王権と社会変動」（九州大学公開講演会『商代後期の社会、文化とその変遷』、二〇二二年三月、オンライン）において発表した。今後、別稿にて論じる予定である。

参考文献

〈史料〉

尚書（書経）重刊宋本十三經注疏附校勘記 一八一五南昌府学刊本

呂氏春秋（呂不韋著：陳奇猷校注）中央研究院歴史語言研究所漢籍電子文獻資料庫

合：郭沫若主編一九八二『甲骨文合集』上海、中華書局

乙編：董作賓主編一九四八『小屯殷墟文字乙編』台北、中央研究院歴史語言研究所

花：中国社会科学院考古研究所編著二〇〇三『殷墟花園荘東地甲骨』昆明、雲南人民出版社

〈日本語〉

内田純子

二〇一三a「商代的酒器與青銅禮器」陳光祖編『金玉交輝――商周考古、芸術与文化論文集』台北、中央研究院歴史語言研究所、六九―九二頁

二〇一三b「殷墟第一期の新出紋様」『技術と交流の考古学――岡内三真先生古稀記念論文集』東京、同成社、四一一―四二二頁

岡村秀典
二〇〇八、『中国文明　農業と礼制の考古学』京都、京都大学出版会
貝塚茂樹・伊藤道治他
一九八二『中国の美術⑤銅器』京都、淡交社、二〇四—二〇五頁
小南一郎
二〇〇一「飲酒禮と裸禮」小南一郎編『中国の禮制と禮学』京都、朋友書店
二〇〇六『古代中国　天命と青銅器』京都、京都大学学術出版会
中村慎一
二〇〇二『稲の考古学』東京、同成社
難波純子
二〇〇六「商周青銅彝器の広がり——青銅器の空間分析より」宇野隆夫編『実践考古学ＧＩＳ』東京：ＮＴＴ出版、三五七—三六一頁
野村茂夫
一九七四『書経』中国古典新書、東京：明徳出版社、一八七—一九五頁
花井四郎
一九八二『黄土に生まれた酒——中国酒—その技術と歴史』東方選書一〇、東京、東方書店
林巳奈夫
一九七九「中国古代の酒甕」『考古学雑誌』第六五巻第二号、九七—一一八頁
一九八六『殷周時代青銅器紋様の研究』東京、吉川弘文館
松丸道雄・高嶋謙一
一九九四『甲骨文字字釋綜覧』東京、東京大学出版会
宮本一夫
二〇〇五『中国の歴史01 神話から歴史へ』東京、講談社、図四六
宮本一夫・白雲翔編
二〇〇九『中国初期青銅器文化の研究』福岡、九州大学出版会、図一八、一九

〈中国語〉

王国維
一九五九『観堂集林』北京、中華書局

賀娅輝、趙海涛、劉莉、許宏
二〇二二「二里頭貴族階層醸酒与飲酒活動分析：来自陶器残留物的証拠」『考古研究』二〇二二年第六期、三〇―四四頁

河南省文物考古研究所編
二〇〇一『鄭州商城――一九五三～一九八五年考古発掘報告』北京、文物出版社

河南省文物考古研究所・周口市文化局編
二〇〇〇『鹿邑太清宮長子口墓』鄭州、中州古籍出版社

江西省文物考古研究所・樟樹市博物館編著
二〇〇五『呉城――一九七三～二〇〇二年考古発掘報告』北京、科学出版社

湖北省文物考古研究所
二〇〇一『盤龍城――一九六三～一九九四年考古発掘報告』北京、文物出版社

岳洪彬
二〇〇六『殷墟青銅礼器研究』中国社会科学博士論文文庫、北京、中国社会科学出版社

荊志淳、徐広徳、何毓霊、唐際根
二〇〇七「M五四出土玉器的地質考古学研究」『安陽殷墟花園荘東地商代墓葬』北京、科学出版社、三四三―三八七頁

四川省文物考古研究所編
一九九九『三星堆祭祀坑』北京、文物出版社

石璋如、高去尋
一九七三『中國考古報告集之二：小屯：第一本：遺址的發現與發掘・丙編三：南組墓葬』台北、中央研究院歴史語言研究所
一九八〇『中國考古報告集之二：小屯：第一本：遺址的發現與發掘・丙編五：丙區墓葬』上、下、台北、中央研究院歴史語言研究所

朱岐祥
二〇二〇『殷墟花園荘東地甲骨読本』台北：萬巻楼図書股份有限公司

中国社会科学院考古研究所安陽工作隊

二〇〇四「安陽殷墟劉家荘北一〇四六号墓」『考古学集刊』十五集、三五九—三九〇頁
中国社会科学院考古研究所二里頭隊
一九八三「一九八〇年秋河南偃師二里頭遺址発掘簡報」『考古』一九八三年第三期、一九九—二一九頁
杜金鵬
一九九二「試論大汶口文化穎水類型」『考古』一九九二年第二期、一五七—一六九頁
裴明相
一九八五「鄭州商代二里崗期的青銅容器概述」『中国考古学会第四次年会論文集　一九八三』北京、文物出版社、三四—四七頁
李済
一九五六『小屯第三本・殷虚器物甲編　陶器上』台北、中央研究院歴史語言研究所
一九七二『古器物専刊第五本・殷虚出土伍拾参件青銅容器之研究』台北、中央研究院歴史語言研究所
劉莉・王佳静・陳星燦・李永強・趙昊
二〇一八「仰韶文化大房子与宴飲伝統：河南偃師灰嘴遺址F1地面和陶器残留物分析」『中原文物』二〇一八年第一期、三二—四三頁
凌純聲
一九五八「中国酒的起源」『中央研究院歴史語言研究所集刊』二九下、八八三—九〇七頁
一九六一「匕鬯與醴柶考」『中央研究院民族学研究所集刊』一二、一七九—二一六頁

〈英語〉

Patrick E. MacGovern, Juzhong Zhang, Jigen Tang, Gretchen R. Hall. Robert A. Moreau, Alberto Nuriez, Eric D. Butrym, Michael P. Richards, Chen-shan Wang, Guangsheng Cheng, Zhijun Zhao, and Changsui Wang
2004 'Fermented beverages of Pre- and proto-historic China, PNAS Vol.101 No.51, 17593-17598
Jiajing Wang, Li Liu, Terry Ball, Linjie Yu, Yuanqing Li, and Fulai Xing
2016 Revealing a 5,000-y-old beer recipe in China. PNAS Vol.113, no.23. 6444-6448
Koji Mizoguchi and Junko Uchida
2018 "The Anyang Xibeigang Shang royal tombs revisited: a social archaeological approach," Antiquity, pp.709-723.

〈オープンデータＵＲＬ〉

https://www.metmuseum.org/art/collection/search/76974 |The Metropolitan Museum of Art（metmuseum.org）

商晚期□父己卣〈精選圖像〉故宮 Open Data 專區（npm.edu.tw）

あとがき

中国には、白酒、紹興酒など、独特の酒があり、宴会では、盛んに乾杯合戦をくりひろげることで有名である。

ところで、筆者は大学時代に魅了されてから、かれこれ30年以上、殷周青銅器の研究をしてきた。その殷代青銅礼器のかなりの割合の器種は、酒器だといわれている。青銅器中の大量の「酒器」をみていると、古代からお酒の好きな中国の人たちは、酒器も盛んに作っていたのだろう、と安易に考えがちである。

今まで見てきたかなりの数の青銅器が酒器だというのに、筆者は残念ながら酒が飲めない。それゆえ、従来、青銅器の中身の「酒」を中心とした研究には、あまり興味がなかった。しかし、遺物の研究をしているうえで、実際にそれをどんなふうに使っていたのか、容器ならば何を入れていたのかを、おざなりにしてはいけないだろう。

本書の研究は、なぜ爵のような複雑な形の酒器から青銅彝器が始まったのか、という疑問から始まった。そこから、最初に導き出した「あまざけ」というキーワードを中心に調べてみると、やや時代が下るものの関連記事のある文献が残っており、その醴についての記録について研究がなされていることを知った。一方、考古学の方面では、新石器時代の土器の「酒器」についても研究は盛んに行われているものの、中身の言及はない。かくいう筆者自身もまた、中身については考えずに、青銅礼器の編年研究、分布域などの研究をやみくもにおこなってきた。それぞれ、結びつくことなく、「醴」についての研究は進んできたのである。しかし、今、これらの知見が統合され、醴の儀礼をよりリアルに捉える視点が生まれたように思う。

筆者が松下アジアスカラシップの奨学金をいただき、5歳の次女と共に中国社会科学院考古研究所への留学に旅立ってから、20年余りの年月が過ぎた。中国各地の青銅器を見てまわれたこと、安陽に滞在して、じっくりと青銅器や鋳型を調査したことは、その後の筆者の研究生活の基底となっている。さらに、本書の出版にも多大なご支援をいただいた。松下財団と関係者に、深甚の感謝の気持ちを表したい。

著者紹介
内田純子（うちだ　じゅんこ）
1963年、東京都生まれ。
京都大学大学院文学研究科考古学専攻博士後期課程修了。博士（文学）。
2006年より中央研究院歴史語言研究所（台北市南港区）にて、助研究員・副研究員を経て、研究員。中国考古学専攻。2001年より2002年まで、松下国際スカラシップにより、中国社会科学院考古研究所に留学。
主要論文に、「初現期の青銅彝器」,『史林』72.2（1989）、「商代的酒器與青銅禮器」（陳光祖主編『金玉交輝：商周考古藝術與文化論文集』臺北：中央研究院歴史語言研究所，2013）、Koji Mizoguchi & Junko Uchida, "The Anyang Xibeigang Shang royal tombs revisited: a social archaeological approach," Antiquity（2018）、"The Transformation of Gender Construction in Late Shang Dynasty," *Japanese Journal of Archaeology*, Vol.10, No.1（2023）など。

中国殷代の青銅器と酒

2023年10月15日　印刷
2023年10月25日　発行

著　者　内　田　純　子

発行者　石　井　　雅
発行所　株式会社　風響社

東京都北区田端 4-14-9（〒114-0014）
Tel 03（3828）9249　振替 00110-0-553554
印刷　モリモト印刷

ISBN978-4-89489-815-8　C0022